ZfbF-Sonderheft

Band 77/23

Reihe herausgegeben von
Schmalenbach-Gesellschaft für Betriebswirtschaft e. V., Schmalenbach-Gesellschaft
Köln, Deutschland

Die ZfbF-Sonderhefte sind aktuellen Themen aus allen Gebieten der Betriebswirtschaftslehre gewidmet. Sie enthalten entweder Monografien oder Sammelbände mit Aufsätzen zu dem jeweiligen Spezialthema, vor allem aus Rechnungswesen und Steuern, Finanzierung, Marketing sowie Organisation, Management und digitalen Märkten. Besonderes Kennzeichen ist die enge Verbindung von Theorie und Praxis.

Die Reihe der ZfbF-Sonderhefte wurde 1972 neben der Schmalenbachs Zeitschrift für betriebswirtschaftliche Forschung (ZfbF) etabliert. Bisher wurden pro Jahr ein bis zwei Sonderhefte zu einem breiten Spektrum von Themen der Betriebswirtschaftslehre veröffentlicht. Die Qualitätssicherung der ZfbF-Sonderhefte erfolgt durch die renommierten Herausgeber der ZfbF.

Die ZfbF ist die älteste und renommierteste betriebswirtschaftliche Fachzeitschrift im deutschsprachigen Raum. Sie wurde 1906 von Eugen Schmalenbach als Zeitschrift für handelswissenschaftliche Forschung (ZfhF) gegründet und ab 1949 in neuer Folge geführt. 1963 erhielt sie den heutigen Namen. 2000 wurde ihre Schwesterzeitschrift in englischer Sprache, die Schmalenbach Business Review (SBR), ausgegliedert. Träger der ZfbF und der SBR ist die Schmalenbach-Gesellschaft für Betriebswirtschaft e. V.

Oliver Kohlhaas • Erik Strauss
Hrsg.

Strategische Planung – Status quo und zukünftige Entwicklungen

Hrsg.
Oliver Kohlhaas
Strategy & Business Consulting
Bayer AG
Leverkusen, Deutschland

Erik Strauss
Universität Witten/Herdecke
Witten, Deutschland

ISSN 2567-1081　　　　　　　ISSN 2749-3679 (electronic)
ZfbF-Sonderheft
ISBN 978-3-658-43723-7　　　ISBN 978-3-658-43724-4 (eBook)
https://doi.org/10.1007/978-3-658-43724-4

Die Deutsche Nationalbibliothek verzeichnet diese Publikation in der Deutschen Nationalbibliografie; detaillierte bibliografische Daten sind im Internet über https://portal.dnb.de abrufbar.

© Der/die Herausgeber bzw. der/die Autor(en), exklusiv lizenziert an Springer Fachmedien Wiesbaden GmbH, ein Teil von Springer Nature 2024

Das Werk einschließlich aller seiner Teile ist urheberrechtlich geschützt. Jede Verwertung, die nicht ausdrücklich vom Urheberrechtsgesetz zugelassen ist, bedarf der vorherigen Zustimmung des Verlags. Das gilt insbesondere für Vervielfältigungen, Bearbeitungen, Übersetzungen, Mikroverfilmungen und die Einspeicherung und Verarbeitung in elektronischen Systemen.
Die Wiedergabe von allgemein beschreibenden Bezeichnungen, Marken, Unternehmensnamen etc. in diesem Werk bedeutet nicht, dass diese frei durch jede Person benutzt werden dürfen. Die Berechtigung zur Benutzung unterliegt, auch ohne gesonderten Hinweis hierzu, den Regeln des Markenrechts. Die Rechte des/der jeweiligen Zeicheninhaber*in sind zu beachten.
Der Verlag, die Autor*innen und die Herausgeber*innen gehen davon aus, dass die Angaben und Informationen in diesem Werk zum Zeitpunkt der Veröffentlichung vollständig und korrekt sind. Weder der Verlag noch die Autor*innen oder die Herausgeber*innen übernehmen, ausdrücklich oder implizit, Gewähr für den Inhalt des Werkes, etwaige Fehler oder Äußerungen. Der Verlag bleibt im Hinblick auf geografische Zuordnungen und Gebietsbezeichnungen in veröffentlichten Karten und Institutionsadressen neutral.

Planung/Lektorat: Guido Notthoff
Springer Gabler ist ein Imprint der eingetragenen Gesellschaft Springer Fachmedien Wiesbaden GmbH und ist ein Teil von Springer Nature.
Die Anschrift der Gesellschaft ist: Abraham-Lincoln-Str. 46, 65189 Wiesbaden, Germany

Wenn Sie dieses Produkt entsorgen, geben Sie das Papier bitte zum Recycling.

Inhaltsverzeichnis

1 Introduction Special Issue 1
Oliver Kohlhaas and Erik Strauss
  1.1 A Short History of Strategic Planning 1
    1.1.1 1970s—The Era of Linear Thinking 2
    1.1.2 1980s—The Rise of Differentiation Strategies 3
    1.1.3 1990s—The First Technological Wave, Globalisation, and the Balanced Scorecard 4
    1.1.4 2000s Until Today—The Second Technological Wave or "the era of digitalization". 5
  1.2 The Contemporary Trends that Influence Corporate Planning 7
    1.2.1 VUCA World 7
    1.2.2 Sustainability 8
    1.2.3 Digitalisation 10
  1.3 Schmalenbach Working Group "Integrated Corporate Planning"... 11

2 Management Control of Sustainability: Integrating Sustainability in a Performance Management System with Practical Examples from Philips 15
Jeroen Hogendorf
  2.1 Introduction 15
  2.2 Theory 17
    2.2.1 Management Control Systems and Sustainability 17
  2.3 Philips and ESG.. 20
    2.3.1 ESG Commitments 20
  2.4 Introduction to Our Performance Management System 22
    2.4.1 Performance Management System 22
    2.4.2 Goal Setting and Cascading incl. KPI Dashboard......... 23
    2.4.3 Performance Review Cadence 24

v

2.5 Integrating ESG in KPIs, Goal Setting, Cascading and Performance Reviews. 25
    2.5.1 Embedding ESG in Core KPIs. 25
    2.5.2 Composition of the ESG Index 25
    2.5.3 Definition of (ESG) KPIs and Metrics. 26
    2.5.4 ESG Index: Internal vs. External Reporting 27
    2.5.5 Goal Cascade of ESG KPIs 27
    2.5.6 Embedding ESG in the Performance Review Cadence 28
2.6 ESG Embedded in Rewards and Incentives. 29
    2.6.1 Annual Incentives 29
    2.6.2 Long-Term Incentives 29
2.7 Learnings and Conclusions 31
References. 32

3 Bewertung von disruptiven Entwicklungen in der Automobilindustrie mit Hilfe von Strategic Foresight 35
Christopher Gerdes
3.1 Einführung. 35
3.2 Die Schlüsselrolle des Strategic Foresight und der Szenarioplanung. 36
3.3 Herausforderungen der strategischen Planung der Automobilindustrie in Zeiten disruptiver technologischer Entwicklungen 37
    3.3.1 Auf dem Weg in eine CO_2-neutrale Zukunft: Vom Verbrennungsmotor zum Elektroantrieb 39
    3.3.2 Die Revolutionierung der Mobilität: Über die Bedeutung von Fahrzeugsoftware 41
    3.3.3 Die digitale Disruption: Auf dem Weg in eine digitale Zukunft 42
3.4 Vom Market Research zum Strategic Foresight. 43
    3.4.1 Strategic Foresight-Prozess und Team 51
    3.4.2 Szenarioanalyse im Rahmen des Strategic Foresight: Beschreibung von „Zukunftsbildern" 52
3.5 Schlussfolgerung 55
Literatur. 56

4 From Strategic Planning to Strategic Dialogue in an Increasingly Dynamic World: The Siemens Case 59
Christoph Naumann, Christoph Gregori and Clara Keller
4.1 Dynamics Influencing Strategy Development 60
4.2 Development of the Siemens Portfolio 61
4.3 Strategy Processes at Siemens. 62
    4.3.1 Levels of Strategy at Siemens 62
    4.3.2 Historic Strategy Process at Siemens. 63

	4.3.3	Today's Approach: Flexible and Lean Strategic Dialogue to Cope with an Increasingly Dynamic Environment.	64
4.4	Main Lessons Learned		75
References.			75

5 Integrierte Unternehmensplanung – von der Strategie zur operativen Umsetzung 77
Oliver Kohlhaas und Oliver Rittgen
- 5.1 Unternehmensplanung im Spannungsfeld von Beschleunigung und Komplexität. 77
- 5.2 Integrationselemente der Unternehmensplanung bei der Bayer AG 79
- 5.3 Fallbeispiel Bayer Consumer Health 81
  - 5.3.1 Operative Umsetzung einer fokussierten Strategie 81
  - 5.3.2 Erfolgsfaktoren des Turnarounds aus Planungssicht 83
- 5.4 Ausgewählte Elemente einer Integration der Planung. 84
  - 5.4.1 Integration Strategischer Finanzplanung und Operativer Planung/Budgetierung 84
  - 5.4.2 Leistungsmessung und Incentivierung. 86
  - 5.4.3 Geografische und funktionale Aktivitätsplanung. 86
  - 5.4.4 Nachhaltigkeit und Impact. 88
  - 5.4.5 Kommunikation und Engagement 89
- 5.5 Ausblick und Zukunftsfragen 90
  - 5.5.1 Erfolgsgeschichte bei BCH 90
  - 5.5.2 Integrationsschemata – no size fits all 92
  - 5.5.3 Ausblick Planungselemente. 93
  - 5.5.4 Offene Fragen für weiteren Research 94

6 Methoden und Technologien der strategischen Planung. 95
Fabian Marckstadt, Birte von Zittwitz, Christian Pfennig und Leonie Butterstein
- 6.1 Aktuelle Herausforderungen an Methoden und Technologien der strategischen Planung 95
- 6.2 Der Einfluss von Marktposition und Ambition auf die strategische Planung. 98
- 6.3 Design Elemente der strategischen Planung 100
- 6.4 Funktionalitäten von Methoden und Technologien der strategischen Planung. 102
- 6.5 Einordnung von Methoden und Technologien entlang des Gesamtplanungsprozesses 105
- 6.6 Strategische Planung am Beispiel der Entwicklung einer Nachhaltigkeitsstrategie. 111
- 6.7 Fazit und Ausblick 113
- Literatur. 114

Chapter 1
Introduction Special Issue

Oliver Kohlhaas and Erik Strauss

Strategic planning has evolved over the past 50 years into a vital tool for organizations of all sizes. Numerous economic, technological, and social changes have had a substantial impact on its evolution. The following introduction to the special issue of the Schmalenbach Working Group "Integrated Corporate Planning" celebrates the 50th anniversary of the working group and provides a short history of strategic planning as well as a deep dive into some contemporary trends that have a major impact on strategic planning.

1.1 A Short History of Strategic Planning

Although strategic planning is an ever-changing organisational activity which is constantly re-created at different places at different times, some major developments characterized its development in the last 50 years. In general, strategic planning is about decision-making under uncertainty, the history of strategic planning also provides a perspective on the major uncertainties companies were facing over time. Therefore, we summarize the most relevant developments of the different decades in this section.

O. Kohlhaas
Strategy & Business Consulting, Bayer AG, Leverkusen, Germany
E-Mail: oliver.kohlhaas@bayer.com

E. Strauss (✉)
Universität Witten/Herdecke, Witten, Germany
E-Mail: erik.strauss@uni-wh.de

© Der/die Autor(en), exklusiv lizenziert an Springer Fachmedien Wiesbaden GmbH, ein Teil von Springer Nature 2024
O. Kohlhaas, E. Strauss (Hrsg.), *Strategische Planung – Status quo und zukünftige Entwicklungen*, ZfbF-Sonderheft 77 / 23, https://doi.org/10.1007/978-3-658-43724-4_1

1.1.1 1970s—The Era of Linear Thinking

After the period of post-war growth, companies were faced with a new level of uncertainty, growth was no longer naturally given and resources were scarce, and this for the first time in many executives' business lives. This uncertainty needed to be reduced, and resource allocation rationalized. Strategic planning was primarily driven by linear thinking in the 1970s. Typically in this era, firms created long-term plans based on historical trends and attempted to project them into the future. However, as globalization gathered momentum and markets became more active and volatile, this approach became more and more challenging. Consequently, strategic planning saw a remarkable evolution during the 1970s, a time of transition and upheaval in the business world. Here are a few key features of this progression in detail:

- *Long-term planning*: In the 1970s, long-term, future-focused plans were a major focus of strategic planning. Planning is frequently seen by firms more as the process of determining their objectives and actions over the next 5–10 years than an unlimited projection of the future. This strategy frequently rested on the presumption that it was possible to extrapolate present trends into the near future.
- *Resource orientation*: During 1970s, strategic planning typically concentrated on making the best use of resources, particularly financial resources. To accomplish their long-term objectives, firms attempted to make the most of their financial resources and used a top-down planning approach.
- *Industry analysis and competition*: Strategic planning placed a strong emphasis on understanding one's industry and the surrounding competitive landscape. Firms looked to understand their place in the market and pinpoint competitive advantages. During this time, Michael Porter's five forces model, which examines an industry's competitive characteristics, gained massive popularity.
- *Lack of flexibility*: Firms found it challenging to adapt to the markets' swift changes as a result of the 1970s' strict planning methodologies. It was challenging to incorporate new technologies, shifting consumer preferences, and global developments into current plans.
- *Limited data availability*: During the 1970s, thorough data and analysis were not as widely available as they are today. For their planning, firms frequently resorted to a limited amount of knowledge and expertise.

Overall, it can be concluded that linear ways of thinking continued to have a significant influence on strategic planning during the 1970s. On the basis of scant information, firms attempted to base their long-term plans on anticipated tendencies. This strategy was put to the test throughout time, though, as firms sought more adaptable strategies to deal with shifting conditions as the corporate world grew more complicated and chaotic.

1.1.2 1980s—The Rise of Differentiation Strategies

A paradigm shift occurred in the 1980s because organisational uncertainty became more driven by international competition in the advent of globalization. Therefore, strategic planning models that specifically focused on (international) competitive analysis—such as Michael Porter's famous five forces model—rose in popularity. Firms came to understand that success depended on differentiated positioning and a focus on particular market segments. Additionally, during this time period, environmental analysis and the competitive environment gained more prominence. As firms started to modify their strategies in response to the shifting business climate, the 1980s saw a dramatic change in strategic planning. Specifically, the following changes were typically made to strategic planning in the 1980s:

- *Changed competitive environment*: The 1980s were characterized by heightened international competitiveness and demands placed on firms to be more nimble and efficient. Continuous improvement and cost management become more important as a result.
- *Positioning and differentiation*: The ideas of positioning and differentiation became more significant in the 1980s. Strategic thinking was strongly affected by Michael Porter's competitive strategies, which included cost leadership and differentiation. Firms realized how important it was to distinguish themselves from rivals and to hold a dominant position in a particular market sector or niche.
- *Strategic Business Units (SBUs)*: The concept of Strategic Business Units (SBUs) was introduced during this time, which was a significant advance. Firms started to segment their organizational structure into more manageable, autonomous divisions that operated separately and created their own long-term strategies. This made it easier to concentrate and be flexible at the same time. Strategic planning evolved toward a resource competition of SBUs across corporations.
- *Diversified expansion plans and M&A activities*: 1980s were characterized by a significant increase in merger and acquisition activities as well as continuously decentralizing business structures. Firms realized that entering new markets or introducing new goods or services could help them become more competitive. As a result, strategic choices and planning became more intricate. The function name "Corporate Development" reflected the combination of both organic and inorganic moves to configure businesses for lasting competitive advantage.
- *SWOT analysis*: The practice of performing a SWOT analysis (strengths, weaknesses, opportunities, and threats) increased in the 1980s. To better inform their strategic decisions, firms started to analyze both their internal and external strengths and weaknesses as well as opportunities and threats. Although it might be seen as very simple nowadays, the rise of SWOT analysis was an important development stage of strategic planning.
- *Scenario analysis*: As the corporate environment became more uncertain, firms started incorporating scenario studies into their strategic planning. Using this method, it was feasible to develop various potential future scenarios and be ready for potential environmental changes.

Overall, strategic planning in the 1980s saw a significant shift in favour of more narrowly focused, distinctive, and adaptable approaches. Firms realised that conventional linear processes were insufficient to keep up with market developments. By placing a strong emphasis on positioning, differentiating, and including analyses like SWOT and scenario analysis, strategic planning was made ready for the dynamic business environment.

1.1.3 1990s—The First Technological Wave, Globalisation, and the Balanced Scorecard

The 1990s saw a growth in globalisation, technical advancements, and a stronger emphasis on consumer demands in strategic planning. Therefore, strategic planning underwent yet another transformation because of the underlying changes in the main uncertainties that strategic planning had to consider, i. e. international interconnectedness such as global supply chains. Consequently, scenario analysis has grown in popularity. Firms realised a need for more adaptable strategies if they were to keep up with quick changes. Increasingly, the focus was on the functional capabilities needed to deliver on the plans. At the same time, the resulting need for functional specialization and investments across matrix-type organizations started to drive the need for alignment across different parts of the organization to achieve common goals. Strategic partnerships and alliances also became more common to combine resources, source new capabilities needed and thereby gain an edge over rivals. Here are some specifics on how strategic planning has changed in the 1990s:

- *Globalization and new markets*: The emergence of new markets around the globe, particularly in developing markets, had an impact on strategic planning. Firms understood the importance of taking into account global expansion and adapting their tactics to various geographic and cultural environments.
- *Scenario analyses and uncertainty management*: Firms intensified using scenario analyses as a result of the rising level of uncertainty in the corporate sector. This made it easier for them to plan for various potential futures and respond to unforeseen circumstances with greater flexibility.
- *Customer centricity*: Strategic planning has shifted its emphasis to emphasize the value of customer loyalty and satisfaction. Firms started putting a greater emphasis on the requirements and preferences of their customers and aligning their strategy as a result.
- *Influences from technology*: The spread of information technology had a significant impact on strategic planning. Firms have realized the benefits of incorporating technology into their strategies, whether it is for improved productivity, automated processes, or the creation of new distribution channels.
- *Value chain analysis*: Michael Porter's concepts, in particular value chain analysis, have remained popular. Companies started thoroughly examining their internal workflows to find efficiency opportunities and boost their competitiveness.

- *Strategic alliances and partnerships*: The 1990s were characterized by a rise in corporate collaboration through these alliances and partnerships. Firms realized that pooling resources and expertise may give them a competitive edge—specifically on a global level.
- *Shorter-term planning cycles*: Firms started to shorten their planning cycles as a result of the markets' more rapid fluctuations. The capacity to adjust and put initiatives into action quickly became more crucial. However, this increased the complexity of strategic planning at the same time.
- *The balanced scorecard*: One of the most influential strategic tools until today was released in the 1990s: The balanced scorecard (BSC). The BSC was the first tool that thoroughly integrated financial measures with non-financial variables. Due to its ability to make cause-and-effect relationships of organisational activities measurable and steerable, it quickly gained popularity in the 1990s (and is still popular today). The balanced scorecard became a primary tool to ensure the alignment of goals across increasingly complex organizations. The resulting improved evaluation of performance supported firms in more effectively pursuing their objectives.

In general, strategic planning in the 1990s reflected the need to react to a business environment that was changing quickly. Firms increasingly sought out global prospects, adjusted their strategies to technological advancements, and focused more on the requirements of their customers. The emphasis on adaptability and the use of analytic tools like scenario analysis and the balanced scorecard made it possible to function successfully in a setting that was becoming more and more complex.

1.1.4 2000s Until Today—The Second Technological Wave or "the era of digitalization"

Due to the arrival of the internet and the age of digitalization in the 2000s, the main forms of uncertainty changed again that strategic planning had to take into account, i. e. adaptation speed, transformation willingness, and technological knowhow became more relevant than ever before. Specifically, the digital transformation had to be progressively taken into account in strategic planning. Startups posed a threat to established firm paradigms, and corporate agility emerged as a critical component of success. Real-time data and analytics deployment produced data-driven initiatives to identify new levers to succeed while competitive frontlines became increasingly blurred.

Accordingly, the development of strategic planning is determined by a number of factors that changed how firms and organizations planned and carried out their strategic goals since the beginning 2000s:

- *Technology*: Rapid technical advancements, particularly in the field of information technology, characterized the 2000s. Companies now face both new

opportunities and problems as a result of the development of the Internet, e-commerce, Internet-of-things (IoT), robot process automation etc. Consequently, firms have been obliged to modify their strategic planning to take advantage of opportunities presented by the digital world while coping with fresh rivals and changing market dynamics.
- *Globalization*: The process of globalization persisted in the 2000s which is characterized by an increasing intercontinental competitiveness. For firms to succeed in international markets, their strategic planning had to change again. Planning began to include significant consideration of logistical difficulties, legal systems, and cultural variations.
- *Agile techniques*: Agile techniques like Scrum and Kanban became more popular, particularly in the software development industry. These techniques placed a strong emphasis on adaptability, teamwork, and iterative development. Companies in various industries started applying agile principles to their strategic planning as the decade went on to adapt to change more quickly.
- *Strategic flexibility*: Firms realized the need to create more adaptable strategies as a result of the market's rising volatility and dynamism. Many organizations opted to develop frameworks that allowed tactics to be adjusted in response to changing conditions rather than long-term, fixed plans.
- *Sustainability and social responsibility*: These two issues became more significant strategic drivers than ever before. Due to governmental requirements around the globe, firms started incorporating social and environmental factors into their planning. Long-term sustainability objectives and CSR efforts were created as a result of this.
- *Risk management*: As a result of incidents like the terrorist attacks of September 11, 2001, and the beginning of the global financial crisis in 2008, or COVID19, firms have realized the importance of including risk management in their strategic planning. Consequently, strategic planning began to include identifying potential risks and creating mitigation strategies.
- *Data-driven planning:* Making choices based on massive amounts of data has become possible for organizations thanks to the development of modern data analytics tools. Strategic planning now includes data-driven insights that have a deeper understanding of consumer behaviour, market trends, and operational effectiveness.
- *Consumer focus*: Consumer orientation became (again) more crucial for strategic planning. Firms started to concentrate their planning more on the requirements and preferences of consumers. Because of this, techniques for managing customer relationships were created, and customer experience became more important.

Overall, technological advancement, globalization, agile methodologies, sustainability, risk management, data analytics, and an enhanced customer emphasis had an impact on strategic planning in contemporary organisations.

1.2 The Contemporary Trends that Influence Corporate Planning

To complement the short history of strategic planning across the different decades presented above, the aim of this special issue is to provide some corporate examples of how contemporary firms deal with some of the major trends currently influencing strategic planning, i. e. VUCA world, sustainability, and digitalization.

1.2.1 VUCA World

The phrase "VUCA world" refers to an environment marked by volatility, uncertainty, complexity, and ambiguity. Due to these factors, the corporate climate is less solid, predictable, and clear than in the past. The VUCA environment significantly affects how firms develop their strategies. First, firms must be able to react swiftly to change in a turbulent and uncertain environment. In that sense, the ability to adopt to changes becomes a second order competitive advantage. Therefore, strategic plans must be flexible enough to adjust to unforeseen circumstances or market changes. Staying adaptable becomes essential to remaining relevant. Therefore, the importance of scenario analysis increased again. Second, agile methods gained more popularity. Originally used in software development, agile methodologies are now being used in other aspects of strategic planning. These techniques emphasize iterative development, ongoing goal review, and swift change adaptability. Third, VUCA world's uncertainty puts even more emphasis on the need for risk management. To minimize any negative effects on their strategic initiatives, firms must early identify and evaluate risks. Fourth, innovation and adaptation are vital organisational capabilities—also for strategic planning: Complexity and ambiguity call for creative solutions and the capacity to change course in response to new situations. Firms must always search for fresh prospects and be open to questioning preconceived notions. Fifth, anticipation and early warning systems become relevant factors for organisational success. Due to the high volatility, firms must create forecasting and early warning systems based on trends and signals to anticipate future developments if they are to flourish in an uncertain world. This requirement at organisational level comes along with a corresponding increase of the importance of lifelong learning at individual level: Organizations must foster a culture of innovation and education if they want to respond to the constantly shifting needs. This has also an impact on strategic planning because lifelong learning includes a continuous questioning of the parameters underlying the long-term planning of organisations.

Against this background, the article by *Naumann* **et al.** examines the transformation of the strategic planning process into a strategic conversation in response to rising uncertainty in an increasingly dynamic global environment, using Siemens as a case study of a multi-business corporation. The primary objective of their study is to facilitate discourse surrounding the field of strategic work and offer perspectives on the ideas and methods employed inside Siemens. The strategy work of Siemens has evolved into a streamlined and flexible approach that focuses on the strategic dialogue between the Managing Board and the various companies and departments, in order to effectively address the dynamic nature of the current times and adapt to changing business requirements. The yearly strategic discourse encompasses two key components: the Strategy Review and the Merger and Acquisition (M&A) Deal Book discussion. The approach employed places significant emphasis on external inputs to identify and comprehend megatrends, market trends, technology advancements, and disruptions. The objective is to analyze and understand the core strategic challenges and opportunities faced by Siemens, along with its corresponding strategic goals and potential courses of action. This involves explicitly formulating a well-defined strategy that undergoes continuous development throughout the year, establishing connections between corporate, business, and functional strategies, ensuring management is aligned with the firm's strategic directions, and firmly embedding Siemens' strategy within the entire organization.

A second article in this issue, which also focuses on organizational responses to an ever-changing business world, is from **Kohlhaas et al.** The objective of their study is to examine the effects of Integrated Corporate Planning (ICP) on organizational change, operational efficiency, and business performance in dynamic business environments. They base their article on a case study from the Bayer Consumer Health Division (BCH). It has been hypothesized that the implementation of ICP can result in enhanced internal transparency and strategic decision-making capabilities, while also presenting novel obstacles in the adoption of new systems. In order to examine these ideas, a comprehensive investigation was carried out on the performance of BCH both prior to and after the deployment of ICP. The findings of this analysis suggest that the adoption of the ICP has resulted in noteworthy enhancements in BCH's operational efficiency, strategic orientation, and competitive advantage. Additionally, this study revealed interesting research domains, including the strategic utilization of data and the delineation of ICP in relation to alternative planning methodologies. This study emphasizes the need for implementing ICP to enhance corporate performance. Additionally, it suggests the need for additional research to ascertain the most effective ways for implementing and optimizing ICP.

1.2.2 Sustainability

In addition to the VUCA world, sustainability is crucial nowadays in the strategic planning of firms due to legal changes and changing customer demands. In other words, while sustainability has been primarily seen as a side- and cost factor in the past, it gains a central position for strategic planning in many organisations. Conceptually, strategic planning is about securing long-term competitiveness of corporations and sustainability is argued to anticipate the future cost of unwanted business externalities, for example by emerging future regulation, or the future customer value of desired positive impact. At this point however, the breadth of adoption of sustainability across corporations indicates different degrees of normative leadership commitment, regulatory requirements and customer preferences across businesses.

More specifically, sustainability plays a crucial role in the following aspects of long-term planning: *Strategic planning is encouraged to have a long-term perspective by sustainability.* Firms take into account the long-term effects of their decisions on the environment, society, and economy in addition to short-term financial gains. Furthermore, sustainability aids in the identification and control of potential hazards associated with social and environmental issues. These dangers can have an impact on money, the supply chain, the law, and reputation. Analysis and control of these risks are necessary for sustainable strategic planning. Moreover, by motivating firms to look for ecologically and socially responsible solutions, sustainability can promote innovation. New products, services, or business strategies that address the demands of society and the environment can be included in these innovations. Consequently, sustainable innovations will shape strategic planning. This development is also fostered by customers as they are becoming more concerned about sustainable firms and products. A strategic emphasis on sustainability can improve brand perception and encourage patron loyalty. Similar to customers, sustainability can raise workplace appeal and employee engagement. Companies that take their social and environmental responsibilities seriously frequently have more loyal employees. In this vein, it might also effect reputation and credibility. More precisely, firms can improve their reputation and credibility by committing to sustainable principles and incorporating them into their strategic planning. Considering the prevalence of social media and open communication nowadays, this is especially crucial. This, in turn, will also equip organizations to adjust to the changing legislation because laws and regulations are having an increasing impact on sustainability. Finally, sustainable practices can also result in more effective resource utilization. Companies can cut expenses while minimizing their environmental impact by using energy, water, and materials more wisely.

Overall, sustainability contributes to the creation of long-term value for firms by reducing environmental impacts, exercising social responsibility, satisfying customer requirements, and cultivating a positive working environment with all stakeholders. These factors are taken into account and incorporated into all business operations via sustainable strategic planning.

Although the regulatory and societal aims are relatively clear nowadays, implementing sustainability into corporate strategic planning is challenging due to the complexity of processes and the pace as well as frequency of changes. Therefore, the article by ***Hogendorf*** presents some valuable insights into the "best practice" of sustainability integration at Philips. In order to reach its organisational goals, Philips already implemented sustainability across all corporate functions and established some kind of "sustainable performance management" that adds value to the organization. Hogendorf not only presents the necessary steps to perform for integrating sustainability but also offers solutions for stereotypical challenges Philips faced when it implemented sustainability into its different planning processes.

1.2.3 Digitalisation

Finally, although two waves of technology have already impacted the development of strategic planning, ITs influence still is high. This means that even today, the strategic planning of firms is significantly impacted by digitalization. It is altering how firms are run, how customers engage with them, and how firms gain competitive advantages. For instance, the impact of digitalization has expanded beyond supporting or accelerating companies' value chains to reconfiguring entire businesses and markets. Digitalization makes whole new, previously unimaginable business models possible. Digitalization reduces entry hurdles and levels the benefit of scale. Large companies investing over years to reconfigure their businesses for sustainable competitive advantage in a classical strategic planning paradigm see themselves outsmarted and outpaced by new competitors in a world of "speed over scale". Consequently, companies need to reconsider their strategic planning and maybe swap out outdated methods with cutting-edge ones like e-commerce, digital platforms, subscription models, and other novel models. Furthermore, digital technologies allow firms to obtain detailed insights into the behaviour, tastes, and demands of their customers. This makes it possible for strategic planning to be more customer-centric, which enables firms to create goods and services that are better suited to the demands of their target markets. Consequently, decision-making can and should be based on data. Firms now have access to a wealth of information. Data analytics can be used in strategic planning to track performance, uncover market opportunities, and spot patterns. The new quality and speed of data availability also leads to an increased relevance of agile methodologies. Digitization hastens the rate of change. Organizations are modifying their strategic planning processes to include more flexible methods that allow them to respond rapidly to change and modify their plans. Scrum, Holacracy etc. seem to become the new normal for strategic planning. This is also necessary to keep up with the automation and optimization of processes that are made more efficient by digital technologies. In this vein, considering agile methods in strategic planning is also some kind of requirement for tapping into new markets as digitization makes it easier to access previously inaccessible global marketplaces. Digital platforms can help firms grow globally and reach a wider audience. Finally, digitalization makes possible disruptive innovations that have the power to completely alter entire sectors. For instance, direct customer communication is made possible by digital means. The usage of digital marketing methods to connect with and engage target audiences should be taken into account during strategic planning. This is also necessary to take the change in the value chain into account when strategically planning the future of the firm. This means that digitalization has the potential to alter how goods are produced, sold, and supported. Firms should include digitization throughout their whole value chain, and their strategic planning should reflect this.

In order to take advantage of the opportunities and difficulties presented by the digital world, digitalization necessitates a realignment of strategic planning. Business procedures, client relationships, and competitive strategies may all be altered by digital technologies. Therefore, this special includes two articles that reflect on the different aspects of digitalization and strategic planning.

First, the article by *Marckstadt* **et al.** focuses on the methodologies and technologies used for strategic planning. Their article elucidates the alterations in the prerequisites for strategic planning, together with the transformed opportunities that are presently accessible. During the various stages of the planning process, they categorise methodologies and instruments and examine success factors for strategic planning within the context of altered framework conditions. Marckstadt et al. put significant emphasis on the varying initial positions that particular organizations have in terms of their market position and strategic aim, and how these factors subsequently impact the formulation of the planning process. In addition to providing a thorough examination of contemporary methodologies and tools, their study also delves into the scrutiny and analysis of certain misconceptions and presumptions. For instance, it explores the inquiry of whether strategic planning remains valuable in an unpredictable global context and investigates the existence of a unified approach capable of concurrently managing and incorporating all facets of strategic planning.

Second, ***Gerdes***'s article provides insights into the so-called strategic foresight processes as an alternative to more classical planning approaches. The automotive industry is facing major challenges due to the emergence of disruptive technologies in the areas of electric drive, autonomous vehicles and connected cars. These technologies are changing the way cars are designed, manufactured, used and experienced. In addition, the competitive landscape of the industry is changing. New electric vehicle companies have entered the market, with initially very successful IPOs, and large technology companies are investing in technology fields that will transform the automotive industry. In Gerdes's article, the Strategic Foresight process is proposed as a methodological response to dealing with the assessment of disruptive developments, explained and discussed using selected practical examples from the strategy division of Mercedes-Benz AG.

1.3 Schmalenbach Working Group "Integrated Corporate Planning"

As dynamic as the development of strategic planning was over the last 50 years, the Schmalenbach Working "Integrated Corporate Planning" was too. Over the different decades, working group's name changed from "Long-Term Corporate Planning" to "Integrated Planning" to reflect the requirement of a comprehensive integration of planning into the organization for the successful execution of planning. Members changed too and topics always reflected the newest developments in corporate reality. However, the basic idea of the working group is still valid today: The working group "Integrated Corporate Planning" sees itself as a platform for exchange between corporate practice and academic research in the field of corporate planning. To manage this (n)ever-changing work group, some key factors for the enduring of the working group of more than 50 years prevail. First and foremost, the intensive engagement of all current and prior members of the working group. Since its foundation, the working group has been characterized by an intensive dialogue between its members. Sharing best practices, jointly developing new ideas, and creating networks for a continuous exchange have been at the heart of the group. To provide enough room for such an exchange, the working group meets twice a year at the location of one of its members. Between the meetings, a frequent, bilateral exchange between members is normal—depending on the topics of interest. The frequency of the physical working group meetings and the intensive exchange are still the same as 50 years ago albeit we live in the era of digitalization. That clearly shows that the working group is more than just the mere exchange of information, i. e. it is a network of community-minded people who are engaged in developing integrated corporate planning.

Second, the working group took (and takes) its name very seriously and always worked on a concrete development of corporate planning. For example, Fig. 1.1 shows an excerpt of the minutes of a working group meeting in 1974. Already at this early stage of the working group, the members discussed precise ideas on how strategic planning and decision-making should be structured—some of the questions are still asked today or asked again.

The ideas are transferred into publications such as articles in academic journals or books to share the working group's insights with a broader audience and maybe influence the corporate planning landscape in Germany. The publications covered topics such as "limits of corporate planning and managerial challenges" (1991) or "integrated R&D planning" (1986). Currently, the working group is interested in digital planning tools and processes, management of (digital) transformation, management of digital business models, and the chances and effects of new technologies on business models more generally.

Third, the working group strives for open-mindedness and future-orientation. Therefore, it continuously tries to not only to be up-to-date regarding the topics but also to adjust and complement its membership base with emerging industries. While the working group was dominated by mainly production-oriented firms, it has added more service-oriented firms over the years until today when firms based on digital business models should become members of the working group.

Against this background, we are sure that the working group will continue to develop and "survive" the next 50 years because an exchange between corporate practice and academia is more relevant than ever. Our aim with the current special issue in "Zeitschrift für betriebswirtschaftliche Forschung" was to not only provide insights from the past but also to share important insights into contemporary developments of integrated corporate planning. We hope that you will enjoy reading the articles and (maybe) become interested in joining the working group.

The working group has started to discuss the new wave of uncertainties that are impacting large corporations in the 2020s. Methodologies and approaches to continue ensuring quality decisions at a corporate level are being discussed and tested. The Covid crisis has challenged the viability of global business and operating

– 4 –

Analyse möglicher *Rückkopplungsprozesse* innerhalb der Globalplanung

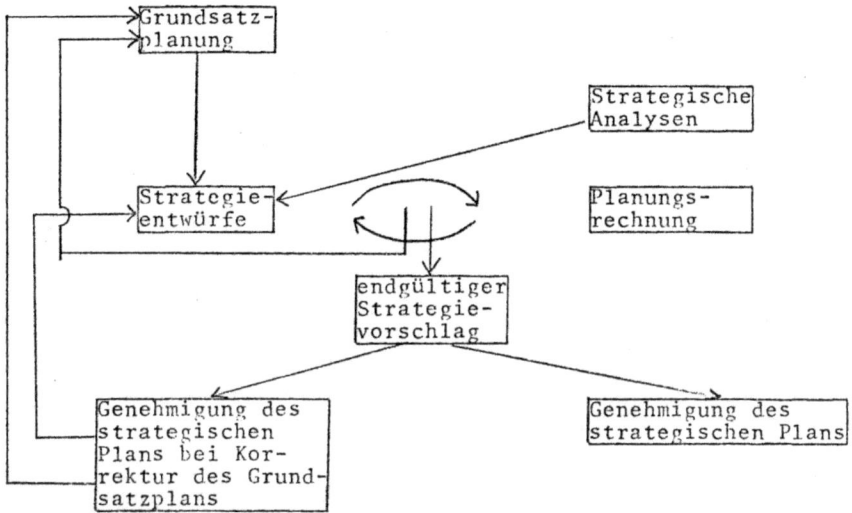

Erläuterungen:

(1) Der Strategievorschlag entspricht der Grundsatzplanung.
   Folge: Genehmigung des strategischen Plans

(2) Der Strategievorschlag entspricht nicht der Grundsatzplanung.
   Folge: (a) Genehmigung des strategischen Plans bei Korrektur des Grundsatzplans
   (b) Neuerstellung des Strategievorschlags

2. S T U F E

Die Gesamtheit der durchzuführenden Teiltätigkeiten ist einzugliedern in den laufenden Planungs- und Kontrollprozeß der Unternehmung mit seinen organisatorischen Regelungen. Dieser Planungs- und Kontrollprozeß umfaßt vier Phasen:

Fig. 1.1 Integrated corporate planning

models. Additionally, with rising geopolitical tensions and US-China competition at a global level and increasing social tensions as well as institutional decomposition at national levels in key markets, the external and political role of corporations is evolving. A new level of uncertainties arises. A special focus on the challenges of Germany is the focus of the autumn meeting of the working group 2023. Unintended consequences of well-intended action and communication do challenge corporations in an unprecedented way. The step changes in labour productivity, functional capabilities and, ultimately, competitive dynamics enabled by artificial intelligence ultimately challenge the inner role and relevance of organizations to begin with.

In that light, geopolitical developments and ways to adopt and implement related contingent strategies, societal and institutional trends and company approaches to mitigate risk as well as the implications of artificial intelligence on the performance and ultimately relevance of organizations will be high on the agenda of the working group in 2024.

Oliver Kohlhaas is the Head of Strategy and Business Consulting at Bayer AG. His main responsibility is to strategically plan the future, corporate initiatives and projects. He holds degrees from RWTH Aachen and Université de Bordeaux.

Prof. Dr. Erik Strauss holds the Dr. Werner Jackstaedt Endowed Chair of Accounting and Control at the Witten/Herdecke University. He researches the influence of new technologies (such as artificial intelligence) on controlling and corporate decision making.

Chapter 2
Management Control of Sustainability: Integrating Sustainability in a Performance Management System with Practical Examples from Philips

Jeroen Hogendorf

Abstract The paper highlights the growing need for sustainability reporting due to impending EU legislation and the increasing focus of chief executives on sustainability. It discusses the practical steps taken by Philips to integrate Environmental, Social, and Governance (ESG) factors into their performance management system. This includes incorporating ESG into Key Performance Indicators (KPIs), goal setting and cascading, performance review processes, and linking them to incentives. Philips uses a dashboard with Core KPIs, including ESG as a separate pillar with its dedicated KPIs, and employs an ESG index to manage a wide range of ESG metrics without overcomplicating the dashboard. Ensuring these goals and KPIs cascade through all organizational layers and are included in performance reviews is crucial. The paper emphasizes that the strength of a management control system in delivering ESG objectives lies in the comprehensive scope of controls, combining both formal and informal mechanisms.

2.1 Introduction

A growing number of chief executives consider sustainability one of the biggest challenges to act upon over the next 2–3 years, a recent study by the IBM Institute for Business Value revealed (IBM, 2022). In a global survey of 3000 CEOs from over 40 countries and 28 industries, the study by IBM showed how sustainability had progressively moved to the core of corporate agendas. The report showed sustainability was top of the list of challenges for 51% of CEOs, up from 32% in 2021, with greater demand for action coming from board members and investors. The

J. Hogendorf (✉)
Philips, Amsterdam, The Netherlands
E-Mail: Jeroen.Hogendorf@philips.com

IBM (2022) study also concluded that the increased focus on sustainability is driven by a growing consensus that corporate efforts around sustainability can lead to stronger business performance: "The perception that environmental and social agendas require a tradeoff with improved business outcomes is crumbling" (IBM, 2022, p. 13).

These results are in line with Gartner's annual CEO and Senior Business Executive Survey (Gartner, 2022), in which environmental sustainability has hit the top 10 list of CEO priorities for the first time in the history of the survey, as it jumped to eighth place from 14th in 2019 and 20th in 2015. Moreover, the survey revealed that environmental sustainability serves as a „competitive differentiator," according to respondents. Seventy-four percent of CEOs said increasing their environmental, social and governance efforts serves as an attractor to investors.

Finally, similar conclusions can be drawn from the recently published Deloitte, 2023 CxO Sustainability Report which is based on a survey of over 2000 C-level executives. When asked to rank the issues most pressing to their organizations, many CxOs rated climate change as a "top three issue." In fact, only economic outlook ranked slightly higher and many of them (61%) said climate change will have a high/very high impact on their organization's strategy and operations over the next 3 years (Deloitte, 2023).

Next to the prioritization of sustainability by C-level executives, new (European) legislation on Corporate Sustainability Reporting, as politically agreed by the European Parliament and Council in the Corporate Sustainability Reporting Directive (CSRD), will become effective for the first time in the financial year 2024, for reports published in 2025 (European parliament, 2022). This new directive will modernize and strengthen the rules about the type of social and environmental information that companies must report. A broader set of large companies, as well as listed SMEs, will now also be required to report on sustainability—approximately 50,000 companies in total. The new rules will ensure that investors and other stakeholders have access to the information they need to assess investment risks arising from climate change and other sustainability issues. They will also create a culture of transparency about the impact of companies on people and the environment and will drive further integration of sustainability in all aspects of the business.

With the increased importance of sustainability for chief executives and the upcoming legislation on sustainability reporting the need for sustainability reporting, both from an external and internal (management control) perspective, will become much bigger.

However, the question is whether companies are ready for this or not? Early in 2022, only a handful of almost 12,000 eligible European companies demonstrated they were ready to comply with green reporting rules brought into force in Europe at the start of the year (Bounds, 2022). This was even before the more extensive CSRD was announced, which will apply to approximately 50,000 companies.

This article aims to provide an answer—with practical examples from Philips as it has been recognized by leading rating agencies and organizations for its work on ESG—to the following questions:

- How to integrate ESG into a performance management system?
- How to integrate the internal—management control—and external reporting perspective?
- How does goal setting and cascading for ESG metrics work?
- How to embed ESG in rewards and incentives?
- What are other control mechanisms to support the integration of ESG in a performance management system? And what are other learnings and pitfalls?

The remainder of this article is organized as follows. In Sect. 2.2 the existing literature on management control of sustainability will be reviewed followed by an introduction to Philips and the role of ESG in the company in Sect. 2.3. Section 2.4 will introduce our performance management system, followed by practical examples of ESG KPIs and metrics, linking in- and external reporting, cascading the ESG goals deeper into the organization and embedding ESG in performance reviews in Sect. 2.5. In Sect. 2.6 the integration of ESG in rewards and incentives is covered followed by a final section with learnings and conclusions.

2.2 Theory

Even though (corporate) sustainability—described as the strive for substantial improvements of ecological and social impacts of companies in line with planetary boundaries and societal goals like the UN Sustainable Development Goals by integrating social, ecological, and economic perspectives in management (Van Marrewijk, 2003)—is high on the agenda of executives and external reporting is more and more embraced, limited research is done on how a (performance) management control system can contribute to better integration of sustainability within the strategy (Gond et al., 2012, Maas et al., 2016). Although the main purpose of this article is to provide practical examples of how to integrate ESG/sustainability into the performance management system, I will cover some theoretical concepts of management control systems and sustainability as well.

2.2.1 Management Control Systems and Sustainability

Management controls include processes and systems that management installs and uses to formally and informally ensure that the behaviour and decisions of their employees are consistent with the (achievement of) organization's short-term and long-term objectives and strategies (Chenhall, 2003; Malmi & Brown, 2008; Simons, 1995). Management controls go beyond pure decision-support systems, as such, methods like budgeting systems and strategy (balanced) scorecards, are considered as management control systems (Malmi & Brown, 2008). It is argued that management control plays an instrumental role in the execution and definition of strategies orientated towards sustainability (Gond et al., 2012).

More specifically on the relationship between management control and sustainability, research by Ghosh et al. (2019) revealed a range of controls for sustainability. In particular, the review shows that both formal and informal controls have significant roles to play in strategizing sustainability. This is supported by earlier academics and practitioners that believe that companies can only pursue sustainability strategies and sustainability disclosures by collecting and elaborating data and controlling sustainability objectives (Bebbington & Thomson, 2013; Bebbington & Unerman, 2018; Crutzen & Herzig, 2013). To become more proactive and transparent in the management of sustainability and to integrate the two business perspectives of sustainability—the external reporting of transparency perspective and the internal perspective of sustainability performance improvement—companies require integrative measurement and management of sustainability issues rather than isolated applications of different tools in the organization (Maas et al., 2016). In their study, Maas et al. (2016) conclude that various concepts (performance assessment, management accounting, management control, and reporting) are defined and used in various ways but mainly dealt with in an isolated manner. Based on these findings Maas et al. (2016) propose a comprehensive, integrated framework of sustainability assessment, accounting, control and reporting.

Below, I briefly describe the different elements of their framework (see Maas et al., 2016):

Sustainability assessment (*transparency perspective*) includes the assessment of sustainability performance and its transition towards sustainability goals, targets and progress (Ness et al., 2007). The assessment is primarily used for reporting purposes—with pre-determined objectives or indicators relevant for all major target audiences (Azzone et al., 1997)—and most often different than performance measurement for decision-making.

The next element is **Sustainability reporting** (*transparency perspective*) which covers external reporting about the social and environmental impact of activities towards societal stakeholders. This includes governments, employees, investors, and media. To ensure companies can be compared over time and between each other, a standardized, quantified, and comparable set of indicators is required. The World Economic Forum (WEF) ESG reporting framework (WEF, 2020) that we use at Philips and the new Corporate Sustainability Reporting Directive (CSRD), which will come into play from 2024 onwards, are good examples of reporting driven by regulations, guidelines and initiatives to fulfil the need for corporate transparency beyond financials.

The WEF ESG Reporting framework (WEF, 2020) covers a set of 21 core and 34 expanded metrics and disclosures. Based on established standards, the Stakeholder Metrics promote alignment among existing frameworks and create a comparable set of data points that makes it possible to compare companies, regardless of their industry or region. The metrics include non-financial disclosures centered around four pillars: people, planet, prosperity, and principles of governance and include measurements around greenhouse gas emissions, diversity and inclusion, and health and safety, among others.

Sustainability Management accounting (*performance improvement perspective*) is the element which is defined as the process of collecting, analyzing and communicating sustainability-related information including any information needed for, or that is related to, corporate sustainability management and decision-making. More generic management accounting data is used for internal alignment and to improve performance. The measures and performance indicators are predominantly internally motivated and used to improve sustainability performance. Critical is to focus on the most material –within our organization normally referred to as "critical few" or "Core"– indicators for decision-making purposes (Hartmann et al., 2016).

The last element is **Sustainability Management Control** (performance improvement perspective) which covers the (progressive) design and use of formal and informal sustainability management controls to ensure that behaviour and decisions of their employees are consistent with the organization's objectives and strategies (Maas et al., 2016). A practice-oriented perspective on management control is proposed in the framework of Malmi and Brown (2008). This framework consists of a package of five types of formal and informal management control mechanisms:

- **Planning** (short (tactical) and long-term (strategic) planning)
- **Cybernetic** (e.g., budgeting, financial and non-financial measures, scorecards)
- **Reward and compensation** for the achievement of goals
- **Administrative** (including governance, organizational structure and policies and procedures)
- **Cultural controls** (including clans, values and symbols)

The strength of the management control systems lies in the broad scope of the controls in the management control system as a package (i. e., the relationship between informal and formal controls), rather than the depth of its discussion of individual components of the system (Malmi & Brown, 2008).

The integrated framework by Maas et al. (2016) combines the four individual elements (performance assessment, management accounting, management control, and reporting) as summarized above into an integrative approach not only linking the individual parts but also specifying the need for feedback loops. The framework can help to systematically design and manage measurement, performance management and reporting of sustainability issues in an integrated manner, either by very explicitly taking an outside-in perspective, an inside-out perspective or both perspectives in sequences.

In this section, I have discussed existing literature and covered more in-depth the elements of the integrated framework of sustainability assessment, accounting, control and reporting from Maas et al. (2016). The remainder of the article provides practical insights on how Philips, as a global health technology firm with revenue of EUR 17.8 billion (2022), has put this into practice, integrating ESG/sustainability into the performance management system and more specifically the KPI/goal-setting and cascading process, rewards and compensation and performance review cadence.

2.3 Philips and ESG

Royal Philips (hereafter Philips) has transformed from a consumer electronics/lighting company into a leading health technology company. Philips leverages advanced technology and deep clinical and consumer insights to deliver integrated solutions. Headquartered in the Netherlands and active in more than 100 countries, Philips is a leader in diagnostic imaging, image-guided therapy, patient monitoring and health informatics, as well as in consumer health and home care. The health technology portfolio generates sales of EUR 17.8 billion (in 2022).

As a leading health technology company, it has the purpose of improving people's health and well-being through meaningful innovation. Philips aims to improve 2.5 billion lives per year by 2030 (~1.8B lives improved by 2022). Next to this, Philips aims to be the best place to work, promoting personal development, inclusion and diversity. Finally, Philips aims to deliver superior, long-term value to customers and shareholders, while acting responsibly towards the planet and society, in partnership with its stakeholders.

Although Philips has been actively driving sustainability and more broadly ESG over the last years, the topic is becoming more and more important for Philips, and it is externally recognized by leading rating agencies and organizations for this. This includes the S&P ESG rating of 91 which by S&P is evaluated as "our ESG evaluation of 91 reflects our view that sustainability is embedded in Philips' corporate strategy", the Carbon Disclosure Project (A- listed for 10 consecutive years for Climate) and Philips becoming the first health technology company to have its entire value-chain CO_2 emissions reduction targets approved by the Science Based Targets initiative.

Sustainability is not only a topic that Philips wants to be a leader in, but it is also becoming a clear differentiator for customers who are looking for a partner to improve their ESG performance and to help them become responsible in the ESG domain. Given the contribution of the healthcare industry to global warming—it is responsible for 4.5% of worldwide greenhouse gas emissions (Deloitte, 2022)—this will become increasingly important over the years to come.

2.3.1 ESG Commitments

Philips has reinforced its commitments as a purpose-driven company with the adoption of an enhanced and fully integrated approach to doing business responsibly and sustainably. This framework (see also Table 2.1) comprises a comprehensive set of key commitments across the Environmental, Social and Corporate Governance (ESG) dimensions that guide the execution of Philips' strategy. It includes ambitious targets and detailed plans of action. Led by the purpose to improve people's health and well-being through meaningful innovation, Philips is driving the digital health revolution to unlock the value of seamless care. Reflecting Philips'

Table 2.1 Philips' ESG framework with key commitments across Environmental, Social and Governance dimensions

Environmental	Social	Governance
We will maintain carbon neutrality and use 75% renewable energy in our operations by 2025. We will reduce CO_2 emissions in our entire value chain in line with a 1.5 °C global warming scenario (based on Science Based Targets).	We aim to improve the health and well-being of 2 billion people per year by 2025, including 300 million people in underserved communities.	Our management structure and governance combine responsible leadership and independent supervision.
We will generate 25% of our revenue from circular products, services and solutions, offer a trade-in on all professional medical equipment, and take care of responsible repurposing, by 2025.	It is our strategy to lead with innovative solutions along the health continuum—helping our customers deliver on the Quadruple Aim (better health outcomes, a better experience for patients and staff, lower cost of care) and helping people take better care of their health.	Our integrated operating model defines how we work together to delight our customers and achieve our company goals, leveraging our global scale and capabilities.
We will embed circular practices at our sites and put zero waste to landfill by 2025	We aim to be the best place to work for our employees, providing opportunities for learning and development, embracing diversity and inclusion, and assuring a safe and healthy work environment. We pay at least a living wage and aim for employee engagement above the high-performance norm.	We are committed to delivering the highest-quality products, services and solutions compliant with all applicable laws and standards.
All new product introductions will fulfill our EcoDesign requirements by 2025, with 'Eco-Heroes' accounting for 25% of revenues.	Through our supplier development program, we will improve the lives of 1,000,000 workers in our supply chain by 2025.	Our remuneration policy is designed to encourage employees to deliver on our purpose and strategy and create stakeholder value and motivate and retain them. Our executive long-term incentive plan includes environmental and social commitments.
We work with our suppliers to reduce the environmental footprint of our supply chain in line with a 1.5 °C global warming scenario (based on Science Based Targets).	We actively engage with and support the communities in which we operate, e.g. through volunteering, internships, STEM (Science, Technology, Engineering, Mathematics) initiatives. We contribute to the Philips Foundation, which aims to provide access to quality healthcare for disadvantaged Communities.	We ensure ethical behavior through our General Business Principles, with a strong compliance and reporting framework.

(Continued)

Table 2.1 (Continued)

Environmental	Social	Governance
We engage with our stakeholders and other companies to drive sustainability efforts addressing the United Nations Sustainable Development Goals.	We consider our tax payments as a contribution to the communities in which we operate, as part of our social value creation.	Our risk management is designed to provide reasonable assurance that strategic and operational objectives are met, legal requirements complied with, and the integrity of the company's reporting and related disclosures safeguarded.
		We are transparent about our plans, activities, results and contributions to society (e.g. tax reporting), and engage with shareholders, customers, business partners, governments and regulators through a variety of platforms.

commitment to UN Sustainable Development Goals 3 (Ensure healthy lives and promote well-being for all at all ages), 12 (Ensure sustainable consumption and production patterns) and 13 (Take urgent action to combat climate change and its impacts), it continues to embed sustainability deeper in the way it does business, with a specific focus on access to care, circular economy and climate action.

2.4 Introduction to Our Performance Management System

Before going deeper into how ESG is embedded in our Performance Management System at Philips in Chaps. 5 and 6, this section provides insights in how our performance management (control) system is set up within Philips including both formal and informal controls from a more general perspective.

2.4.1 Performance Management System

Performance management is a key element of our operating model. We use standard metrics (e.g., standard definition, formulas, data sources), granular reporting, visual management and continuous improvement practices (e.g., daily Management, problem solving techniques) to engage together and drive performance. This enables us to address possible shortfalls in "real-time" and so remain on track for success.

Our performance management system is based on an annual planning cycle, in which we translate our purpose and strategy into objectives and plans. The cycle starts with Strategic Planning, where we define long-term ambitions, both financial and non-financial, and set long-term strategic priorities in our Strategic Plan. The Annual Operating Plan (AOP) is derived from the first year of the Strategic Plan. These growth ambitions (i. e., targets) are underpinned by initiatives and enablers in the Business planning process. These plans are then cascaded deeper into the organization and people's personal objectives.

2.4.2 Goal Setting and Cascading incl. KPI Dashboard

As part of the Performance Management System a KPI dashboard is defined (see also Fig. 2.1) that is cascaded from top-level management into the organization (leveraging bottom-up inputs). This KPI dashboard is a critical few, focused set of Core KPIs—linked to our strategic priorities—and consists of both financial and non-financial indicators. To drive more focus on non-financial indicators, the financial indicators are moved to the bottom of the dashboard. Moreover, as we drive a culture with focus on patient safety and quality and customer centricity, we have put the patient safety & quality and customer indicators on top of the dashboard. As a result, these KPIs should also be reviewed first in a performance dialogue. The key pillars of the dashboard—with example KPIs—are as follows:

- **Patient Safety & Quality** (% of CAPA investigations currently $\leq$ 90 days)
- **Customer** (Customer NPS)
- **Environmental, Social & Governance** (ESG index, Employee Engagement)
- **Financials** (Comparable Sales Growth (CSG) %, Adj. EBITA %)

Once the Executive Committee—based on the strategic priorities—has defined the overall Philips KPI dashboard and (long-term) targets are set (based on benchmarks), the goals/KPIs are cascaded down into the organization (see also Fig. 2.1). Goals are cascaded to the point of impact through all organization layers, linked to the agreed priorities and focus on performance drivers (KPIs) for which the respective organization is accountable.

The applicable set of core KPIs is cascaded to the next level in the organization. The next level KPIs will be cascaded directly (i. e., the same KPI—but with a different scope—is cascaded) or linked to the objectives/KPIs following KPI tree logic. A similar approach is taken for cascade to organizational units deeper in the organization. Specific KPIs will be cascaded directly, others more focused on the components/drivers for which the respective organization is accountable. The deeper we go into the organization, the more process KPIs we will see, but always ensuring alignment with

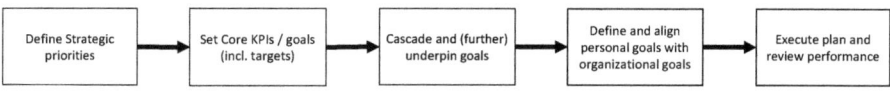

Fig. 2.1 High-level view on translating strategic priorities into execution

the overall company priorities and goals. Once the goals/KPIs and targets are cascaded, this is further underpinned with initiatives and enablers and included in the personal goals of the respective teams and individuals. This is followed by an execution and (daily) performance review cadence that is described below.

2.4.3 Performance Review Cadence

To execute our strategy and deliver on our commitments, we manage according to an operating (review) cadence: daily, weekly or monthly—whatever frequency is necessary to properly understand process performance and be able to take fast corrective action when off track. Performance management must be conducted in an environment and spirit of continuous improvement, i. e., rewarding achievements, being transparent about what can be improved, and recognizing failure or mistakes as an opportunity to improve. A mindset of learning and improving is central to reaching higher levels of performance. These are some of the informal controls that are an important part of our performance management (control) system. But what does this mean in practice? In our operating cadence, there are different levels that at the end need to roll up from the bottom to the top. The ESG index and its underlying metrics—see next section for more details—is part of the operating cadence and as such also included in the performance reviews.

In the review cadence, we apply continuous improvement practices to drive performance. We use visual management to see the performance "at a glance" and make the biggest issues and priorities visible. The key elements here are to see whether we are winning (green) or losing (red) in 3 seconds and the use of trend charts to understand how performance is trending over time (better or worse). Finally, we use problem-solving techniques to close gaps. This means, among others, using the Pareto (80/20) principle to define the biggest contributors to the gap and using 5-why techniques to identify the root of the problem and define the actions/countermeasures accordingly to close the gap.

Finally, a key enabler of our performance review cadence is digitization and automation of performance insights. A large part of the (centrally managed) performance management cadence is enabled through a digital dashboard. This serves as the single source of truth to provide timely performance insights for all centrally managed meetings with the ambition to move to a real-time Tiered Daily Management system with performance insights available anytime, anywhere. This has enhanced the efficiency of the decision-making process with quick access and review of performance insights, enables the use of standard Daily Management principles (e.g., trends, Pareto), drives transparency and significantly reduces preparation time for reviews and KPI owners.

The next section defines in more depth our ESG KPIs and metrics, the specifics around how the goal cascade of ESG KPIs works and embedding ESG in performance reviews.

2.5 Integrating ESG in KPIs, Goal Setting, Cascading and Performance Reviews

In the previous sections, the need for ESG reporting, management control theory of sustainability, the importance of ESG for Philips and our performance management system have been described. As concluded in the theoretical part of this article, only limited articles have provided empirical evidence for how companies implement a management control system that supports the achievement of sustainability and financial objectives simultaneously (Gond et al., 2012; Maas et al., 2016). This and the next section aim to provide practical insights into how we have embedded ESG in our (performance) management control system at Philips.

2.5.1 Embedding ESG in Core KPIs

As shared in the previous section one of the key pillars of the dashboard is ESG. This covers the ESG KPI(s) including the people-related KPIs as represented by the "S" or Social part of ESG. To not expand the dashboard significantly—enabling a critical few focused set of Core KPIs—an ESG index covering Environmental, Social and Governance metrics is included in the Core KPIs. An early study on the topic of measuring sustainable performance by Hubbard (2009) proposed a similar framework that is conceptually but simplified to be practically useful. It proposes a stakeholder-based, Sustainable Balanced Scorecard (SBSC) conceptual framework coupled with a single-measure Organizational Sustainability Performance Index to integrate the measures in the SBSC. The Index helps to make sustainable organizational performance measurable and accessible to stakeholders. Although an Index is practical and can cover a wide range of metrics, the downside is that this can result in being a "watermelon" metric. A watermelon metric looks green on the outside, but is red on the inside, meaning that specific individual metrics within the index are red (below target), whereas the combination of all the metrics in the index still gives you a green or on/above target result. That is why it is important to "double click" on (such) a KPI to understand the performance of the components of the KPI and drive course correction in case of red (i. e., below target) performance.

2.5.2 Composition of the ESG Index

Our "internal" ESG index currently consists of ~20 underlying metrics across the three pillars of Environmental, Social and Governance and is aligned with our ESG commitments, external reporting and the WEF ESG Reporting framework. Each of the three pillars has a selected set of goals linked to it that consists of individual metrics. The individual metrics within the index have a weighting in the overall index

Table 2.2 Examples of ESG metrics across the three ESG pillars

Pillar	Example metrics
Environmental	Total Emissions in line with Science Based Targets (Tonnes CO2e) Circular Revenues (as % of total) Circular Materials Management (%) Restore Biodiversity loss %
Social	Number of lives improved (in million) Leadership Gender Diversity % Total Recordable Case Rate (%)
Governance	EcoDesigned NPIs (%)

which sums up to a weighting of the overall goal, which results in a weighting of the overall ESG pillar. Currently Environmental has the highest weighting in the index. Aligned with our principle to drive focus on a critical few metrics, we are in the process of significantly reducing the number of KPIs in the ESG index from ~20 to ~10 metrics. This doesn't mean that we don't measure or (externally) report these metrics anymore, it does mean that we drive more focus on a smaller set of ESG metrics in our performance management system. The above table gives insights in some of the metrics that are included in the ESG index (see Table 2.2).

2.5.3 Definition of (ESG) KPIs and Metrics

Table 2.2 reveals that there is quite a variety of metrics included in Philips's ESG index. The key driver of getting the KPIs in place and cascading them deeper into the organization is to have (executive) owners (our Executive Committee includes a Chief ESG (& Legal) officer) for the metrics and clearly defined (standard) metrics with, among others, clear definitions, formulas, data sources, applicability, data availability and accountability defined. A good practice we have been establishing over the years is to capture the standard KPI/metric information in a KPI book with a 1-page summary per KPI. This has evolved over time from a paper (PowerPoint) to an online version that is available to everybody in the organization with clear ownership by "KPI owners – mostly business process owners or subject matter experts – and masters" to keep the information up to date.

To give more insight into the measurements, I will provide details on a few of the example metrics and how this links to our ESG commitments. As part of our ESG commitments, we aim to reduce our full value chain emissions in line with a 1.5 degrees global warming scenario. The **Total Emissions in line with Science Based targets** metric measures (in tonnes CO2e) the emissions from our operations (including business travel, industrial and non-industrial sites, logistics), our supply chain (e.g. suppliers) and from the use-phase of products. The emissions from our operations refer to Scope 1 and 2 emissions, the latter two to Scope 3 emissions. **Number of lives improved**—with the goal to improve the lives of 2.5 billion people by the year 2030—is measured by multiplying active products and solutions by the number of people each product or solution touches each year. We include all products and solutions from our portfolio that directly support the health or well-being of its users. A statistical model is applied to calculate and remove potential double counts to address instances when a single individual benefit from more than one of Philips's products. This audited methodology allows us to better measure our impact, generate actionable insights and drive real social value. Finally, we committed to being the best place to work and embrace diversity and inclusion. This is measured with **the Leadership Gender Diversity** metric that is defined as the women in senior management positions as % of the total population of senior management positions.

2.5.4 ESG Index: Internal vs. External Reporting

As concluded in the article of Maas et al. (2016), managing sustainability and integrating the external reporting (transparency) and internal—management control—perspective (performance improvement), companies require integrative measurement and management of sustainability issues rather than isolated applications of different tools in the organization. As described earlier in this chapter, the composition of the ESG index is connected to our external reporting and the WEF ESG reporting framework we use in our external reporting. Although we report externally on all 21 Core metrics from the WEF ESG reporting framework and add to that Philips-specific KPIs, the ESG index we use in our internal performance management system comprises of a selection of the Core metrics from the WEF ESG reporting framework (e.g. Total Recordable Case rate and Total (Greenhouse Gas) emissions) complemented with Philips specific KPIs (e.g. Circular revenues %, and Number of lives improved) that we consider fundamental to the strategy and operation of our business. This results in a more focused (prioritized) set of ~20 metrics that we include in the ESG index and drive as part of our management control system, but still integrated with the external reporting perspective. Although most of the metrics included in the index are stable—as we aim to drive focus on the core elements linked to our strategy and deliver on our ESG commitments—this is not a static index. Based on updated priorities, aim for more focus or new insights (in- or externally) the index and/or the weighting of the different metrics can be adjusted (feedback loop). As a result of our aim to drive more focus in our KPIs, we are currently in the process of further reducing the number of KPIs in the index.

2.5.5 Goal Cascade of ESG KPIs

As explained in the section on goal setting and cascading, goals/KPIs are cascaded down to the point of impact through all organization layers, linked to the agreed priorities and focus on performance drivers (KPIs) for which the respective organization is accountable.

A similar approach is taken for the (underlying components of the ESG index). The ESG index as KPI is cascaded directly to relevant parts of the organization: Business, Regions and relevant functions like Supply Chain. However, the components of the index differ per organizational unit, as this is based on what the organizational unit can influence and be held accountable for. For example, Emissions from Air Travel (tons of CO_2 emitted) are included in both the Business and Region index as both can be held accountable for their own Air travel. Another example is that in the index for Businesses the metric % of EcoDesigned New Product Introductions (NPIs) is included and not in the region or functional index as the Business is accountable for new product introductions. Similarly, in the Supply Chain index metrics like water withdrawal in m3, zero waste to landfill and emission from air freight (tons of CO_2 emitted) are included, while they don't appear in the index of the Business or Region. To conclude, to drive alignment and simplification we have cascaded the ESG index KPI to all relevant organizational units, whereby it is critical to define metrics that the organizational unit can be held accountable for. The result of the performance on the ESG index KPI, which is included in the overall Philips dashboard, is based on the performance of the underlying metrics of which the actual performance is based on the performance within the respective Businesses, Regions and Functions. Currently, we are making changes to our operating model, which results in changes in the accountability of different parts of the organization. As such the metrics—ESG and beyond—that an organization is accountable for can change as well.

2.5.6 Embedding ESG in the Performance Review Cadence

Once the goals and KPIs are defined and cascaded into the organization, it is extremely important to follow up rigorously with an operating (review) cadence: daily, weekly, or monthly—depending on what frequency is necessary to properly understand process performance and be able to take corrective action when necessary. As discussed in Sect. 2.4, the ESG index and its underlying metrics are part of the operating cadence and as such also included in the performance reviews—supported by digital dashboards—at all relevant levels in the organization (linked to the accountabilities of that respective organization). The frequency of review depends on the availability of the data. Most of the actual performance on the underlying metrics of the ESG index is available monthly, others more or less frequent, but at least quarterly. We aim to have critical focus reviews, meaning that the "biggest reds" should get the most attention in the review (with data-driven problem solving). As we currently work with an index covering ~20 metrics for ESG it is important to ensure transparency on the underlying metrics (i.e., what is the actual performance vs. target), to avoid the watermelon effect. To drive more focus on a specific measure from the index, it does happen that—in a specific part of the organization—metrics from the index are elevated and as a standard reviewed separately as individual metrics.

2.6 ESG Embedded in Rewards and Incentives

Another key element of our management control system is rewards and incentives. In this section, I will go deeper into what we call the "People Performance Management" (PPM) process. This process drives alignment between our organizational goals and personal goals. This relationship between controls is a key part of our management control system. The people performance management cycle drives the review of the reward package. Within the rewards structure (next to base salary) we distinguish between Annual Incentives (AI) and Long-Term Incentives (LTI).

2.6.1 Annual Incentives

Philips offers a yearly bonus to reward contributions to our business success and drive high performance and ongoing career development. The annual incentives are based on personal performance and financial performance of the company and the own organizational level (where applicable). The personal performance part is focused on how (behaviours, development goals etc.) and what (achievement of business goals). The personal goals should be aligned with the organizational priorities set and defined in alignment with the manager/team. To drive an effective personal goal-setting process—aligned with the (key) priorities for the year—we start the personal goal setting by defining goals for the Board of Management and Executive Committee within different performance categories. ESG is one of the categories. These goals are then further cascaded within the organization, aligned with the accountability of the respective organization, team and/or individual.

2.6.2 Long-Term Incentives

To motivate our employees to create long-term value, Philips offers employees long-term incentives (LTI) to link their interests with the interests of our shareholders (driving our business success now and into the future creating long-lasting value). Aligned with our strategy, LTIs are linked to Philips's performance and growth in the health technology space, rewarding our employees for delivering meaningful results that improve our financial performance.

LTI gives the employee a stake in the company, which in turn gives an opportunity to earn significant rewards based on the value the employee helps to create—now and in years to come. An LTI rewards the employees' contribution over a three-year 'performance period', allowing to drive performance beyond the quarterly results cycle. This means that after a vesting period of 3 years, employees will be granted shares. Depending on the position of the employee in the organization the annual LTI grant will be divided into two elements: restricted share rights and performance shares.

2.6.2.1 Restricted Share Rights

If employees stay employed with Philips until the shares have vested, they will receive the full amount (100%) of restricted share rights granted (after a 3-year vesting period).

2.6.2.2 Performance Shares

Vesting of performance shares (after a 3-year period) is based on 3 performance indicators: Relative Total Shareholder Return (TSR), Earnings Per Share (EPS) Growth and achievement of sustainability objectives counting for 50%, 40%, and 10% of performance respectively.

First, the relative **TSR** measures the change in the share price over the performance period, plus the dividends paid. This TSR (Philips's performance) is compared to a TSR peer group of 19 competitors. The percentage of shares that will vest in relation to TSR depends on Philips's position within the peer group. If Philips ranks poorly, no performance shares will vest. If Philips ranks strongly, up to 200% of performance is vested in relation to the TSR part of the equation. The second performance indicator is **EPS growth** which measures Philips's profitability growth based on targets set by the Philips Supervisory Board. Also, here different minimum and maximum thresholds are set which links to a specific pay-out percentage of performance shares. The third element that determines the percentage of performance shares that will vest after 3 years is the **achievement of sustainability objectives**. This accounts for 10% of the vesting on performance shares. This measures Philips' performance on five KPIs with targets linked to three selected United Nations Sustainable Development Goals, see Table 2.3 below for more details. To summarize, from the long list of ESG metrics we measure both in- and externally we have selected around 20 to be included in the ESG index that we include in our KPI and goal cascading and performance review process. From that list, a selection of 5 metrics is prioritized to be included in the long-term incentives. Next to this, the metrics in the ESG index or any of the other ESG metrics can be included in the short-term or annual incentives.

Table 2.3 Sustainability criteria for long-term incentives

Sustainable Development Goal (SDG)	Metrics
Health and well-being for all (SDG 3)	Number of Lives improved
Responsible consumption and production (SDG 12)	Circular Revenues (% of total) Zero Waste to Landfill (% of total regular non-regulated waste) Close the loop on all our medical equipment
Climate action (SDG 13)	Total Emissions (k. tons CO_2e emitted)

2.7 Learnings and Conclusions

This article has provided practical examples from a health technology company—supported by earlier research—on how to integrate Sustainability (and more broadly ESG) into the performance management system to support the organization in achieving the ESG/Sustainability objectives. As mentioned by Maas et al. (2016), the combination (both linking and feedback loops) of the different elements of sustainability assessment, accounting, control and reporting is vital. More specifically, the strength of the management control systems lies in the broad scope of controls as a package (relationship between formal and informal controls). Malmi and Brown (2008) defined five types of formal and informal management control mechanisms: planning, cybernetic, reward and compensation, administrative, and cultural controls.

In this article, I have covered formal and informal control mechanisms that have been put in place for a global health technology company like Philips with focus on the formal controls with inclusion of ESG in KPIs and goal setting, and cascading, performance review cadence (planning and cybernetic controls) and rewards and incentives (reward/compensation controls). Although only limitedly covered in this article, administrative controls (e.g., organization design and structure, governance) and cultural controls (e.g., values like transparency, accountability, empowerment, learning and growth mindset) are critical elements in our management control system as well.

Key learnings are that if ESG/Sustainability is a key priority this should be **reflected in the purpose, commitments, goals and objectives of the organization with clear KPIs** and (challenging, but realistic) **targets** and underpinned with plans. Like most other companies, Philips works with a company dashboard and given the priority to ESG for the company, **ESG is included in the company dashboard as a separate pillar and with dedicated KPIs**. As we did not want to expand the dashboard significantly, but still **cover a wide range of ESG metrics**, we have **included an ESG index** in the dashboard that covers ~20 metrics across Environmental, Social and Governance and are currently in the process to further reduce the number of metrics in the index to ~10 to drive more focus on critical few metrics. This list of metrics is a subset of what we report externally and based on a selection of the Core metrics from the WEF ESG reporting framework complimented with Philips specific KPIs that we consider fundamental to the strategy and operation of our business. To drive and enable this integration properly, **Top Executives' commitment and ownership are important** (our Executive Committee includes a Chief ESG (& Legal) officer). Moreover, a key driver of getting the KPIs in place and cascading them deeper in the organization is to have (executive) owners for the metrics and clearly defined metrics with, among others, clear definitions, formulas, data sources, applicability, data availability and accountability defined.

Once the goals/KPIs are defined it is important to **cascade it down to the point of impact** through all organization layers, linked to the agreed priorities and **focus on performance drivers (KPIs) for which the respective organization is accountable**. To conclude, key success factors are to make the KPIs specific for the respective organization, drive ownership and accountability and empower teams/people to deliver (cultural controls).

Another key element of our management control system is rewards and incentives. We have **included sustainability in both our short-term incentives** (for the relevant employees) **and long-term incentives** (all employees that are eligible for long-term incentives). The vesting of performance shares is currently (for 10%) based on the performance of 5 sustainability objectives.

To execute our strategy and deliver on our commitments, we manage according to an operating (review) cadence. The **ESG index and its underlying metrics are part of the operating cadence and as such also included in the performance reviews.** In the review cadence, we apply Lean/continuous improvement practices to drive performance and enable centrally managed meetings through a digital dashboard that serves as the single source of truth to provide timely performance insights. This drives transparency, efficient decision-making and significantly reduced preparation time for reviews.

To conclude, we have—as also recognized externally—made substantial progress on integrating sustainability into our strategy. Our (performance) management control system has played a considerable role in this. Aligned with the theory, integrative measurement and management of sustainability issues (e.g., through the integration of external reporting and the internal management control system) rather than isolated applications of different tools in the organization have helped significantly in becoming more proactive and transparent in the management of sustainability. Moreover, conclusion from setting up our performance management (control) system the **strength of the system lies in the relationship between the different controls, both formal and informal**.

With the increased importance of sustainability for chief executives and the upcoming legislation on sustainability reporting the need for an integrated approach to sustainability assessment, reporting, management accounting and in particular management control system will become much more important. I hope this article has provided theoretical and practical insights that can help in the journey towards integration of sustainability and more broadly ESG into the strategy and in particular the performance management system.

References

Azzone, G., Brophy, M., Noci, G., Welford, R., & Young, W. (1997). A stakeholders' view of environmental reporting. *Long Range Planning, 30*(5), 699–709.

Bebbington, J., & Thomson, I. (2013). Sustainable development, management and accounting: Boundary crossing. *Management Accounting Research, 4*, 277–283.

Bebbington, J., & Unerman, J. (2018). Achieving the United Nations sustainable development goals: An enabling role for accounting research. *Accounting, Auditing & Accountability Journal, 31*, 2–24.

Bounds. (2022). Only a handful of companies show they are ready for EU green rules. *Financial Times*, January 26, 2022. Article retrieved on January 5, 2023 from: https://www.ft.com/content/88e6c7b4-cd94-48de-bfaa-5b069b4428ef

Chenhall, R. H. (2003). Management control systems design within its organizational context: Findings from contingency-based research and directions for the future. *Accounting, Organization and Society, 28*(2–3), 127–168.

Crutzen, N., & Herzig, C. (2013). A review of the empirical research in management control, strategy and sustainability. *Accounting and Control for Sustainability, 26*, 165–195.

Deloitte. (2022). *Why climate resilience is key to building the health care organization of the future* (S. 1–32). Publication Deloitte Insights.

Deloitte. (2023). *Deloitte 2023 CxO sustainability report: Accelerating the green transition* (S. 1–23). Publication Deloitte.

European Commission. (2022). *Directive (EU) 2022/2464 of the European Parliament and of the Council*. Available at: https://eur-lex.europa.eu/legal-content/EN/TXT/?uri=CELEX%3A32022L2464. Retracted on 13.03.2024.

Gartner. (18 Mai. 2022). *Gartner 2022 annual CEO and Senior Business Executive Survey*. Summary retrieved on January 5, 2023 from: https://www.gartner.com/en/newsroom/press-releases/2022-05-18-gartner-survey-reveals-significant-shifts-in-ceo-thinking-on-sustainability-workforce-issues-and-inflation-in-2022

Ghosh, B., Herzig, C., & Mangena, M. (2019). Controlling for sustainability strategies: Findings from research and directions for the future. *Journal of Management Control, 30*, 5–24.

Gond, J. P., Grunbic, S., Herzig, C., & Moon, J. (2012). Configuring management control systems: Theorizing the integration of strategy and sustainability. *Management Accounting Research, 23*(3), 205–223.

Hartmann, F., Maas, K., & Perego, P. (2016). Corporate social responsibility and controllers (original title: Den Wald vor lauter Bäumen nicht sehen: Controller auf der Suche nach Nachhaltigkeit). In E. Günther & K.-H. Steinke (Hrsg.), *CSR und controlling*. Springer. https://doi.org/10.1007/978-3-662-47702-1_5

Hubbard, G. (2009). Measuring organizational performance: Beyond the triple bottom line. *Business Strategy and the Environment, 18*(3), 177–191.

IBM. (2022). *Own your impact: Practical pathways to transformational sustainability* (S. 1–60). Publication IBM Institute for Business Value.

Maas, K., Schaltegger, S., & Crutzen, N. (2016). Integrating corporate sustainability assessment, management accounting, control, and reporting. *Journal of Cleaner Production, 136*, 237–248.

Malmi, T., & Brown, D. (2008). Management control systems as a package—Opportunities, challenges and research directions. *Management Accounting Research, 19*, 287–300.

van Marrewijk, M. (2003). Concepts and definitions of CSR and corporate sustainability: Between agency and communion. *Journal of Business Ethics, 44*, 95–105.

Ness, B., Urbel-Piirsalu, E., Anderberg, S., & Olsson, L. (2007). Categorising tools for sustainability assessment. *Ecological Economics, 60*(3), 498–508.

Simons, R. (1995). *Levers of control: How managers use innovative control systems to drive strategic renewal*. Harvard Business School Press.

World Economic Forum. (2020). *Measuring stakeholder capitalism towards common metrics and consistent reporting of sustainable value creation* (S. 1–96). Publication World Economic Forum.

Jeroen Hogendorf is Head of Enterprise Performance Management at Philips. His main (global) responsibilities are design and improvement of the performance management system, (digitization of) integrated performance reporting and building capabilities in performance management, continuous improvement and agile. He holds a master degree in Business Administration from Rotterdam School of Management, Erasmus University and an Executive Master of Finance and Control/"Registercontroller" degree from Erasmus University.

Kapitel 3
Bewertung von disruptiven Entwicklungen in der Automobilindustrie mit Hilfe von Strategic Foresight

Christopher Gerdes

Zusammenfassung Dieser Beitrag stellt die Integration des Strategic Foresight-Prozesses in der Automobilindustrie am Beispiel von Mercedes-Benz vor. In einer Zeit, in der disruptive Technologien wie Elektrifizierung und Digitalisierung vorherrschen, zeigt der herkömmliche, auf quantitativen Daten basierende Planungsansatz seine Limitationen. Der Strategic Foresight-Prozess hingegen ist ein Ansatz, der nicht nur tiefere Einsichten ermöglicht, sondern auch die Anpassungsfähigkeit an wandelnde Marktbedingungen verbessert, interdisziplinäre Zusammenarbeit und kollaborative Entscheidungsfindung unterstützt, Innovationen fördert und zu einem effektiveren Risikomanagement beiträgt. Die in der Praxis gesammelten Erfahrungen bei der Mercedes-Benz AG zeigen exemplarisch, welche Bedeutung der Strategic Foresight-Prozesses für das Verständnis und die Anpassung an das sich dynamisch verändernde Markt- und Technologieumfeld der Automobilindustrie haben kann.

3.1 Einführung

Die Automobilindustrie steht vor enormen Herausforderungen aufgrund des rasanten Aufkommens disruptiver Technologien in den Bereichen Elektroantrieben, autonomen Fahrzeugen und vernetzten Autos. Diese Technologien verändern nicht nur grundlegend die Art und Weise, wie Fahrzeuge entworfen, hergestellt, genutzt und erlebt werden, sondern bringen auch deutliche Veränderungen in der Wettbewerbslandschaft der Branche mit sich. Neue Elektrofahrzeugunternehmen haben den

---

C. Gerdes (✉)
Mercedes Benz AG, Stuttgart, Deutschland
E-Mail: christopher.gerdes@mercedes-benz.com

Markt betreten und erzielen mit wettbewerbsfähigen Produktangeboten beeindruckende Erfolge bei Börsengängen. Darüber hinaus investieren große Technologieunternehmen in Bereiche, die die Automobilbranche maßgeblich beeinflussen werden. Vor diesem Hintergrund wird in diesem Artikel der Strategic Foresight-Prozess als methodische Antwort auf diese disruptiven Entwicklungen vorgeschlagen. Anhand ausgewählter Praxisbeispiele aus dem Strategiebereich der Mercedes-Benz AG, welche durch den Autor als Leiter Strategy Development und Strategy Intelligence mitverantwortet wurden, werden die Anwendung und die gewonnenen Erfahrungen mit Strategic Foresight erläutert und diskutiert.

3.2 Die Schlüsselrolle des Strategic Foresight und der Szenarioplanung

Die besondere Herausforderung in der strategischen Planung der Automobilindustrie besteht darin, disruptive technologischen Veränderungen einzuordnen und bei Bedarf in strategische Handlungsoptionen zu übersetzen. Herkömmliche Methoden der strategischen Planung, wie Porters Five Forces oder die SWOT-Analyse, sind für ebendiese Bewertung nur sehr begrenzt geeignet, da sie sich auf die aktuelle Position eines Unternehmens innerhalb einer Branche konzentrieren, anstatt größtenteils unbekannte Rahmenbedingungen zu erfassen (Christensen et al., 2014). Die klassische strategische Planung kümmert sich weitgehend um eine gut vorhersehbare Zukunft, in der disruptive Technologien nicht ausreichend berücksichtigt werden (Ramirez & Selsky, 2016). Um diese Veränderungen zu antizipieren und somit wettbewerbsfähig zu bleiben, empfiehlt es sich, Methoden des „Strategic Foresight" einschließlich der Szenario-Planung anzuwenden.

Strategic Foresight beschreibt einen Prozess mit dem Ziel, ein Zukunftsbild zu beschreiben. Diese dient wiederum als Basis für aktuelle Entscheidungen und schafft somit eine Grundlage für fundierte und langfristig angelegte strategische Entscheidungen. Strategic Foresight unterscheidet sich von Prognosen vor allem dahingehend, dass sie sich nicht ausschließlich auf vergangene Entwicklungen und Trends im Sinne eines fortzuschreibenden Sets an Indikatoren stützt. Der Strategic Foresight Prozess umfasst verschiedene Schritte, zu denen insbesondere folgende Bausteine gehören: das Scannen des Horizonts im Geschäftsumfeld, das Einbeziehen unterschiedlicher Perspektiven und ein explizites Akzeptieren von nicht vorhersehbaren Unwägbarkeiten, anstelle einer konkreten Prognose. Im Prozessverlauf ist es wichtig, eine möglichst unterschiedliche Gruppe von Vordenkern und Experten innerhalb und außerhalb des Unternehmens aktiv einzubeziehen, um bestehende Annahmen und Prämissen innerhalb des Unternehmens zu hinterfragen und aus den Impulsen neue Erkenntnisse und Chancen zu identifizieren (Schmidt, 2015).

Ein solides Grundverständnis, sowie eine aktive Teilnahme an funktions- und hierarchieübergreifenden Gesprächen über ein mögliches Zukunftsbild ist wichtig für eine erfolgreiche Umsetzung von Strategic Foresight, sowie im Anschluss für die strategische Planung. Für bestimmte Themen, welche zu einem gegenwärtigen Zeitpunkt noch nicht von Linienfunktion im Strategieplanungsumfeld einmalig oder laufend bewertet werden, sollten dezidierte Strategic Foresight Teams eingerichtet werden. Es ist wichtig, diesen Teams die Möglichkeit zu geben, ihre Erkenntnisse mit Entscheidungsträgern des strategischen Planungsprozesses, wie dem Strategiechef oder dem Vorstand, zu teilen. Der Leiter der Strategie trägt wesentlich dazu bei, dass dieser hierarchie- und funktionsübergreifende Ansatz akzeptiert wird und solche strategischen Diskussionen nicht gebremst werden.

Szenarien sind ein Instrument zur Beschreibung möglicher zukünftiger Entwicklungen, als auch deren Auswirkungen auf das Unternehmen oder dessen Umfeld, und können anhand einer Reihe quantitativer und qualitativer Daten modelliert werden. Entscheidend ist es hierbei, relevante Entscheidungsträger und Stakeholder frühzeitig in den Gestaltungsprozess einzubinden. Weiterhin ist es empfehlenswert hierbei einen erfahrenen Moderator einzusetzen, welcher nicht nur den Prozess begleitet, sondern auch einen offenen und unkonventionellen sowie innovativen Austausch während der Ableitung dieser Szenarien aktiv fördert. Für diese Rolle ist die Strategieabteilung prädestiniert. Wichtig ist es jedoch, dass die beschriebenen Szenarien so beschrieben sind, dass diese handlungsleitend sind oder aber in handlungsleitende Erkenntnisse übersetzt werden können, um von praktischem Wert zu sein (UNDP, 2018) und nicht als zu theoretisch und somit irrelevant wahrgenommen zu werden.

3.3 Herausforderungen der strategischen Planung der Automobilindustrie in Zeiten disruptiver technologischer Entwicklungen

Die Automobilindustrie steht aufgrund disruptiver Technologien in den Feldern Elektroantrieb, autonomen Systemen und vernetzten Autos vor großen Herausforderungen. Diese Technologien verändern die Art und Weise, wie Autos entworfen, hergestellt, genutzt und erlebt werden und sie verändern auch die Wettbewerbslandschaft der Branche. In den letzten fünf Jahren betraten bemerkenswert innovative und ernst zu nehmende neue Wettbewerber in diesen Bereichen die Automobilproduzentenbühne. Beeindruckend war zudem die Bereitschaft der Investoren in diese, vor allem auch im Zuge von Börsengängen, Kapital zu investieren. Unternehmen wie Rivian, Lucid, Nio und Xpeng konnten sich über die Börsenplätze NYSE oder HKSE ausreichend Kapital sichern, um die marktreife Entwicklung ihrer ersten Modelle, sowie den Aufbau der notwendigen Produktionsstätten grundsätzlich zu finanzieren. Darüber hinaus sind weitere finanzstarke Technologieunternehmen, wie beispielsweise der Fahrassistenzsystementwickler Mobileye oder der Halbleiter- und Kommunikationstechnologiehersteller Qualcomm, vom Marktpotenzial der Automobilindustrie überzeugt und investieren immense Summe in den Aufbau dieser Geschäftsfelder.

Eine große Herausforderung für die strategische Planung bei Mercedes-Benz ist die Antizipation, welche technologischen Entwicklungen zu relevanten Veränderungen in der Industrie oder dem Mobilitätssektor führen werden. Dazu gehört auch eine Ableitung, welche relevanten Technologien am besten in den Produktentstehungsprozess eines Produktportfolios, sowie wie diese in die Abläufe zur Herstellung und Vertrieb eines Automobils integriert werden sollten. Dies liegt vor allem daran, dass die Produktentwicklung nicht beliebig verkürzt werden kann und in einem Zeitraum von etwa drei bis fünf Jahren vor der Markteinführung wesentliche Festlegungen getroffen werden müssen, als auch daran, dass die Investitionen in Entwicklung und Produktion in der Regel so kapitalintensiv sind, dass die technologische Produktsubstanz über den kompletten Lebenszyklus von ca. weiteren sechs bis zehn Jahren marktfähig sein muss, um profitabel zu sein. Folglich sind Automobilunternehmen darauf angewiesen, signifikant in Forschung und Entwicklung zu investieren, um über einen langen Produktlebenszyklus markt- und konkurrenzfähig zu sein und auch die richtigen technologischen Schwerpunkte und Wetten in Bezug auf Innovation einzugehen.

Eine weitere Herausforderung ist, dass sich die Vorlieben der Verbraucher zunehmend ändern. Dies wird sowohl durch die schnelle Entwicklung der Technologie in der Elektronik- und Unterhaltungsindustrie als auch durch den steigenden Wunsch, von kraftstoffbetriebenen auf elektrobetriebene Fahrzeuge umzusteigen, angetrieben. Es wird erwartet, dass Elektrofahrzeuge und Fahrzeuge mit halb- oder vollautonomen Fahrerassistenzsystemen immer mehr nachgefragt werden, was zu einem Rückgang bezüglich der Nachfrage nach traditionellen Autos führen wird und somit das derzeitige, auf Verbrennungsmotoren basierende Geschäftsmodell, der Branche deutlich verändern wird.

Die Branche steht auch vor regulatorischen Herausforderungen, da Gesetzgeber auf der ganzen Welt neue Regeln und Richtlinien für emissions- und datenbezogene Themen rund um Mobilität und Fahrzeuge einführen. Hierzu zählen insbesondere Regeln zu Schadstoff- und CO_2-Emissionsschwellwerten, sowie Zertifizierungsanforderungen von autonomen Fahrzeugen. Diese Entwicklungen machen bereits heute den strategischen Planungsprozess bei Mercedes-Benz deutlich komplexer und sind mit Unsicherheit verbunden.

Herkömmliche Methoden der strategischen Planung, wie Porters Five Forces oder die SWOT-Analyse, sind für ebendiese Zukunftsbewertung nur sehr begrenzt geeignet, da sie sich auf die aktuelle Position eines Unternehmens innerhalb einer Branche konzentrieren, anstatt größtenteils unbekannte Rahmenbedingungen zu erfassen (Christensen et al., 2014). Sie „gehen davon aus, dass die Geschäftsbedingungen im Laufe der Zeit stabil bleiben und konzentrieren sich auf allgemein bekannte Trends, bestehende Wettbewerber und absehbare Entwicklungen und Auswirkungen auf aktuelle Geschäftsmodelle" (Ranen, 2020), immer mit dem Ziel, bestehende Stärken zu optimieren. Daher kümmert sich herkömmliche strategische Planung weitgehend um eine recht vorhersehbare Zukunft, in der disruptive Technologien nicht angemessen berücksichtigt werden (Ramirez & Selsky, 2016).

Die dynamische und oft unsichere Geschäftswelt von heute verlangt von Unternehmen, nicht nur auf aktuelle Trends zu reagieren, sondern auch zukünftige Entwicklungen und Potenziale zu antizipieren. Dabei hat sich die Integration von Strategic Foresight und Szenarienbewertung in die strategische Planung als besonders wertvoll herausgestellt. Aus der persönlichen Erfahrung des Autors, der bei der Mercedes-Benz AG sowohl Strategy Development als auch Strategy Intelligence verantwortet, hat dieser Ansatz die Fähigkeit verbessert, disruptive Entwicklungen vorherzusehen und sich darauf vorzubereiten, besonders in Bereichen mit unklaren Trends. Der Autor hat festgestellt, dass diese durch ihn mitinitiiert, ergänzte Planungsweise nicht nur eine reaktive Antwort auf aktuelle Trends und Entwicklungen bietet, sondern auch das Potenzial hat, die Unternehmensvision zu prägen und den Weg für Innovation und Wachstum zu ebnen. Ein markantes Beispiel für die Bedeutung von Strategic Foresight in der strategischen Planung war die Entscheidung von Mercedes-Benz, dem Erfinder des Verbrennungsmotors, nicht nur Elektroantrieben den Vorrang zu geben („Electric First"), sondern das gesamte Portfolio konsequent auf elektrische Antriebe auszurichten („Electric only"). Es ist unerlässlich für jedes Unternehmen, das in der heutigen schnelllebigen Geschäftswelt wettbewerbsfähig bleiben möchte, sich mit solchen zukunftsorientierten Methoden auseinanderzusetzen und diese in seine strategische Planung zu integrieren.

Im Folgenden werden drei Beispiele verwendet, um die verschiedenen Herausforderungen der strategischen Planung bei der Berücksichtigung technologischer Disruptionen bei Mercedes-Benz dezidiert zu veranschaulichen. Der Trend zur Elektrifizierung von Fahrzeugen, der zunehmende Einzug von Software in Fahrzeugen, sowie die Digitalisierung und ihre Auswirkungen auf die Geschäftsprozesse des Unternehmens.

3.3.1 Auf dem Weg in eine CO_2-neutrale Zukunft: Vom Verbrennungsmotor zum Elektroantrieb

Elektrofahrzeuge (Electric Vehicles, abgekürzt EVs) haben den traditionellen Markt für kraftstoffbetriebene Autos über einen sehr kurzen Zeitraum von knapp zehn Jahren, einhergehend mit der Einführung des Tesla Model S im Jahre 2012, deutlich verändert. Elektrofahrzeuge haben je nach Region niedrigere oder gleich hohe Betriebskosten, keine Emissionen am Fahrzeug und sind im Laufe der Zeit zudem in der Anschaffung immer erschwinglicher geworden. Dies hat zu einem Anstieg der Nachfrage nach Elektroautos und größeren Wachstumsraten im Vergleich zu kraftstoffbetriebenen Fahrzeugen im Pkw-Markt geführt.

Im Jahr 2017 waren nur wenige Modelle als Evs, hierbei mit Ausnahme des Tesla Model S in der Regel in den Einstiegssegmenten, zu kaufen. Im Jahr 2017 erreichte der weltweite Absatz von Evs laut der Internationalen Energieagentur (IEA, 2018) ein Rekordhoch von rund 1,1 Mio. Einheiten. Dies war eine deutliche Steigerung gegenüber dem Vorjahr, als der weltweite Absatz von Elektrofahrzeugen nur rund 600.000 Einheiten erreichte. Der Großteil der angebotenen Elektrofahrzeuge waren durch kompakte Produktabmessungen und einer deutlich günstigeren Preispositionierung im Vergleich zu größeren Luxusfahrzeugen oder SUVs kennzeichnet.

Diese Modelle waren für den Verkehr im urbanen Raum ausgelegt. Viele Fahrzeughersteller des Premiumsegments, die sich traditionell auf größere Segmente im Rahmen der strategischen Planung fokussieren, wurden – trotz früher Erfahrung mit batterieelektrisch angetriebenen Produkten – jedoch von dieser Marktentwicklung in diesen Segmenten überrascht und haben nur in Teilen erkannt, dass dies mittel- bis langfristig auch die Antriebstechnologie in den oberen Segmenten massiv beeinflussen wird. Alle Hersteller, die sich eher auf Luxus und Leistung als auf Effizienz und Umweltverträglichkeit konzentriert haben, sahen EVs nicht als relevant für ihre Kunden an und haben den Trend in Richtung Elektrifizierung lange zugunsten der Fortführung der bestehenden Technologieplattformen de-priorisiert. Dies hat dazu geführt, dass viele Premium-Automobilhersteller in der Kundenwahrnehmung nicht mehr als technologieführend oder als Pioniere in der Elektromobilität angesehen wurden.

Zudem wurde nur vereinzelt erkannt, dass der gesellschaftliche und politische Diskurs, dazu führen würde, dass die Gesetzgeber in den für die Branche wichtigsten Regionen, insbesondere Nordamerika und Europa, strengere Vorschriften zu Emissionen und Kraftstoffverbrauch formulieren würden. Viele Hersteller mit langen Unternehmensgeschichten hatten zudem über einen langen Zeitraum große Summen in die Technologie von Verbrennungsmotoren und deren Weiterentwicklung investiert, sowie Lieferketten und Herstellungsprozesse etabliert, die ausschließlich für die Fertigung von Verbrennungsmotoren optimiert waren.

In den letzten Jahren kam es jedoch zu weitreichenden Änderungen: Die Verbrauchernachfrage nach Elektrofahrzeugen ist gestiegen, Gesetzgeber auf der ganzen Welt haben strengere Vorschriften zu Emissionen und Kraftstoffverbrauch erlassen, die Batterietechnologie hat sich verbessert und die Kosten sind gesunken. Dies hat dazu geführt, dass viele traditionelle Fahrzeughersteller Elektrofahrzeuge als wesentlichen Bestandteil ihres zukünftigen Produktportfolios ansehen und damit begonnen haben, signifikante Summen in die Entwicklung und Produktion von EVs zu investieren.

Auch bei Mercedes-Benz, der Marke des Erfinders des Automobils, führte dies letztendlich dazu, dass im Jahr 2021 die „Weichen für eine vollelektrische Zukunft" (Mercedes-Benz Group, 2021) gestellt wurden und sein Portfolio und seine Wertschöpfung zum Ende der laufenden Dekade auf „Electric only, wo immer es die Marktbedingungen zulassen" umstellt.

Alle im Unternehmen etablierten Strategieplanungstools basierten auf analytischen Methoden und historischen Daten. Sie konzentrieren sich auf die Analyse der Marktabsatz- und Preisdurchsetzungspotenziale gegenüber dem Wettbewerb, die Festlegung von Zielen und die Entwicklung von Plänen zur Erreichung dieser Ziele. Neben fortschreibungsbasierten Volumen- und Finanzplanungsansätzen, wurden auch Portfolioanalyse und die Wettbewerbsanalyse genutzt. Diese Tools legen jedoch den Fokus auf eine Bewertung auf Basis der Vergangenheit und zielen darauf ab, die Position des Unternehmens in der Gegenwart zu verstehen und zukünftige Entscheidungen auf dieser Grundlage zu treffen. Eine Antizipation und Bewertung zukünftiger Entwicklungen, um frühzeitig auf Veränderungen reagieren zu können, war nur in einzelnen Fachbereichen, jedoch nicht übergreifend etabliert.

3.3.2 Die Revolutionierung der Mobilität: Über die Bedeutung von Fahrzeugsoftware

Doch nicht nur das Thema Elektromobilität wird das Geschäftssystem von Automobilherstellern wie Mercedes-Benz massiv verändern. Auch technologische Entwicklungen im Softwareumfeld haben bereits heute und werden sich in mehrfacher Hinsicht auf die technologischen Fähigkeiten von Fahrzeugen auswirken.

Neben vielen anderen Softwaredomänen – wie beispielsweise in der Elektrisch/Elektronischen-Architektur, dem autonomen Fahren, oder im Bereich Antrieb und Fahrwerk – haben sich beispielsweise die technologischen Entwicklungen in der Domäne Infotainment bzw. User Interface und Entertainment in mehrfacher Hinsicht erheblich auf die Kundenanforderungen an ein Fahrzeug ausgewirkt.

Unterhaltungselektronikgeräte haben die Messlatte für die Erwartungen der Kunden an die Technologie in ihren Autos höher gelegt. Sie erwarten, dass Autos ähnliche Funktionen wie Touchscreens, Internetverbindung und Sprachsteuerung besitzen, an die sie sich von ihren Smartphones und anderen Geräten gewöhnt haben.

Die Nutzung mobiler Geräte hat die Art und Weise verändert, wie Menschen mit Autos interagieren. Kunden erwarten heute beispielsweise, dass sie einige Funktionen des Autos, wie das Entriegeln des Fahrzeugs oder Temperaturvoreinstellung vor Fahrtantritt, per Smartphone-App aus der Ferne steuern können.

Darüber hinaus haben Unterhaltungselektronikgeräte das Design von Autos beeinflusst, wobei viele Autos jetzt mit großen Touchscreen-Displays, mit entsprechenden Anforderungen in Bezug auf Betriebsfestigkeit, und anderen Geräten wie Sprachassistenten ausgestattet sind. Weiterhin sind Kunden heute daran gewöhnt, Updates oder Upgrades auch nach dem initialen Kauf des Produkts zu erhalten oder erwerben zu können, was Chancen für den After Market bietet. Es ist jedoch wichtig, dabei zu betonen, dass im Gegensatz zu Unterhaltungselektronikgeräten die Lebensdauer der Fahrzeuge, samt eines gesetzlich definiert und garantierten Teileversorgungszeitraums, deutlich länger andauert und gewährleistet sein muss, als dies beispielsweise bei einem Smartphone der Fall ist.

Strategic Foresight und Szenariobewertung sind hierbei unerlässliche Werkzeuge, um diese sich schnell entwickelnden Technologien zu antizipieren und ihren potenziellen Einfluss auf den Automobilmarkt zu bewerten. Die Frage, welche Softwaretechnologien aus nicht-automobilen Anwendungsfällen das Potenzial haben, sich regionalspezifisch oder über das Volumensegment im Automobilmarkt durchzusetzen, ist von besonderer Relevanz. Beispielsweise wurde bei Mercedes-Benz sehr frühzeitig das Potenzial des Google Ecosystems oder der generativen AI von Microsoft bzw. OpenAI durch Anwendung von Strategic Foresight erkannt und deren Game Changer Potenzial in der Automobilindustrie bewertet.

Zudem ermöglichen diese Werkzeuge, unterschiedliche Szenarien zu entwickeln und zu bewerten, um frühzeitig strategische Entscheidungen treffen zu können. Es geht dabei nicht nur darum, zu erkennen, welche Technologien den Weg ins Auto finden könnten, sondern auch, welche technologischen Trends sich möglicherweise nicht durchsetzen werden. Dadurch können Fehlinvestitionen vermieden und Ressourcen effizienter eingesetzt werden.

Ein weiterer Aspekt, der durch Strategic Foresight und Szenariobewertung hervorgehoben wird, ist die Notwendigkeit, Softwareintegrationen in Fahrzeugen regelmäßig zu aktualisieren, um mit der raschen Entwicklung in der Software- und Technologiebranche Schritt zu halten. Das erfordert nicht nur technologisches Know-how, sondern auch ein tiefes Verständnis für die sich verändernden Kundenbedürfnisse und Marktanforderungen.

Insgesamt betonen diese Überlegungen die Wichtigkeit, über den traditionellen Automobilhorizont hinauszublicken und Technologien und Trends aus anderen Branchen zu antizipieren, die das Potenzial haben, den Automobilmarkt nachhaltig zu beeinflussen. Es ist von entscheidender Bedeutung, hierbei stets einen Schritt voraus zu sein, und genau hier leisten Strategic Foresight und Szenariobewertung einen wertvollen Beitrag.

3.3.3 Die digitale Disruption: Auf dem Weg in eine digitale Zukunft

Die Digitalisierung hat das Potenzial, automobile Geschäftsmodelle und -prozesse in mehrfacher Hinsicht zu revolutionieren: Dies beginnt bereits beim Fahrzeugerwerb. Die Digitalisierung hat es den Verbrauchern erleichtert, Fahrzeugmodelle online zu recherchieren und zu vergleichen, und was letztendlich zu einer Veränderung der Art und Weise geführt hat, wie diese verkauft und vermarktet werden. Dies hat den Wettbewerb verstärkt und die Macht traditioneller Händlernetze, der Retailer, verringert.

Die Digitalisierung hat sich auch auf die Art und Weise ausgewirkt, wie Fahrzeuge hergestellt und produziert werden. Der Einsatz digitaler Tools wie 3D-Druck und Robotik hat es Unternehmen ermöglicht, Fahrzeuge schneller und zu geringeren Kosten zu entwerfen, zu prototypisieren und zu testen. Darüber hinaus hat die Digitalisierung die Art und Weise verändert, wie Unternehmen ihre Lieferkette verwalten. Digitale Tools und Plattformen wie Cloud Computing und das Internet der Dinge (IoT) haben es Unternehmen ermöglicht, Bestände quasi real-time zu verfolgen, die Logistik zu optimieren und Kosten zu senken.

Die Digitalisierung hat sich auch auf After Market-Services wie Predictive Maintenance ausgewirkt. Dabei wird Fahrzeugherstellern und deren Servicenetzwerk-Dienstleistern die Möglichkeit eröffnet, statistisch sehr wahrscheinlich aufkommende Schäden über Informationen aus dem Fahrzeug zu erkennen und somit zu beheben, bevor sie auftreten. Die Digitalisierung hat auch zur Entstehung neuer Geschäftsmodelle im Umfeld der individuellen Mobilität wie Car-Sharing und Ride-Hailing geführt, die das traditionelle Modell des Fahrzeugbesitzes ersetzen können. Die Digitalisierung hat auch zu einer Zunahme der von Autos erzeugten Datenmengen geführt, was schließlich dazu geführt hat, dass Automobilunternehmen in Fähigkeiten und Kapazitäten von Datenmanagement- und Analysesystemen investieren müssen.

Zusammenfassend lässt sich sagen, dass die Digitalisierung wo noch nicht geschehen, das Potenzial hat, automobile Geschäftsmodelle und -prozesse in allen Bereichen entlang der Wertschöpfungskette, wie Entwicklung, Fertigung und Produktion, Lieferkettenmanagement, Marketing, Vertrieb und After Market-Services, zu verändern. Automobilunternehmen müssen sich an diese Veränderungen anpassen, um wettbewerbsfähig zu bleiben.

Die Entwicklungen, speziell in den beiden von Disruptionen geprägten Technologiefeldern Software und Digitalisierung, sind mit klassischen Strategieplanungsmethoden, die sich auf die Analyse der aktuellen Situation konzentrieren, nicht planbar und vorhersehbar. Strategic Foresight hilft dabei, zukünftige Trends im Softwareumfeld frühzeitig zu identifizieren. Dies umfasst die Beobachtung von technologischen Fortschritten, Marktveränderungen, sich ändernden Kundenbedürfnissen und regulatorischen Entwicklungen. Durch die Antizipation dieser Trends können Unternehmen ihre Strategien entsprechend ausrichten und sich auf zukünftige Veränderungen vorbereiten.

3.4 Vom Market Research zum Strategic Foresight

All die oben genannten disruptiven Technologien haben das Geschäftsumfeld und die Geschäftstätigkeiten von Mercedes-Benz dahingehend deutlich geprägt, dass sie die Art und Weise verändert haben, wie Autos entworfen, hergestellt und vom Kunden genutzt und erlebt werden. Zudem führten Sie zu deutlichen Veränderungen im Wettbewerbsumfeld der Branche. Traditionelle Automobilunternehmen müssen sich diesen Entwicklungen stellen, müssen sich anpassen und müssen innovativ sein, um in einem solchen neuen Umfeld wettbewerbsfähig zu bleiben.

Während bei Elektrofahrzeugen und Connected Cars eine fundiert umgesetzte Produkt- und Portfoliostrategie einen signifikanten Einfluss zur erfolgreichen Berücksichtigung von disruptiven Entwicklungen hat, betrifft das Beispiel der Digitalisierung generell alle Geschäftsfunktionen unabhängig von einer Endkunden- und fahrzeugfokussierten Produkt- und Portfoliostrategie.

Die Vorhersage, welche Technologien den größten Einfluss auf automobile Geschäftsmodelle haben, ist durchaus schwierig. Es gibt jedoch mehrere Strategien, die Unternehmen anwenden können, um informiert zu bleiben und fundierte Annahmen zu treffen, die dabei helfen relevante strategische Optionen abzuleiten.

Ein Instrument, das in der Management- und Strategieliteratur bekannt ist und dem vorausschauenden Ansatz des vom Autor präferierten Strategic Foresights ähnelt, ist das sogenannte Frühwarnsystem. Es handelt sich um einen Ansatz, der dazu entwickelt wurde, Unternehmen frühzeitig auf mögliche Chancen und Risiken hinzuweisen, die sich aus Veränderungen in ihrer externen Umgebung ergeben könnten. Frühwarnsysteme versuchen, Veränderungen in Technologie, Marktbedingungen, sozialen Trends und anderen relevanten Faktoren zu antizipieren. Das Werk von Reinhardt (1984) zählt zu den frühen und prägenden Beiträgen zu diesem Thema.

Frühwarnsysteme nutzen eine Vielzahl von Datenquellen, Analysen und Modellierungstechniken, um Vorhersagen über die Zukunft zu treffen und Unternehmen zu ermöglichen, proaktiv auf diese Veränderungen zu reagieren und ist eher quantitativer und simulierender Natur und fokussiert sich auf die Frage „was" in der Zukunft passieren kann. Allerdings besitzen sie Grenzen, da sie in erster Linie auf das Erkennen zukünftiger Entwicklungen fokussieren, ohne tief in die Analyse möglicher Auswirkungen oder die Herausforderung bestehender Annahmen – das „warum" einzudringen.

In dieser Hinsicht spiegelt sich die Erfahrung von Mercedes-Benz wider. Das Unternehmen verfügt seit langem über etablierte Prozesse zur quantitativen Erfassung des Marktumfelds und zur Erkennung von Entwicklungen. Es gibt jedoch einige herausfordernde Aspekte:

1. Es stehen oft nicht genügend Daten zur Verfügung, um Entwicklungen wirklich quantitativ zu erfassen. Diese Analysen basieren in der Regel auf historischen Absatzzahlen in bestimmten Segmenten oder Antriebsvarianten.
2. Häufig wird lediglich eine Art von Fortschreibung der Daten vorgenommen. Disruptive Trends und schwache Signale werden oft übersehen, da sie im Rauschen der großen Datenmengen untergehen.
3. Die Wirkungsmechanismen hinter diesen Daten und die daraus resultierenden Szenarien werden nicht ausreichend erfasst.

Vor diesem Hintergrund stand der Autor, vor einiger Zeit vor der Aufgabe, ein Lagezentrum aufzubauen, welches quantitative Daten im Sinne eines Frühwarnsystems systematisch erfasst. Im Zuge der Konzeption am Beispiel der Elektrifizierung stellte er gemeinsam mit seinem Team fest, dass es weitaus wichtiger ist, sich zunächst mit möglichen Zukunftsbildern und den dafür relevanten Voraussetzungen zu beschäftigen. Erst dann macht es Sinn, messbare Indikatoren zu definieren und relevante Datenquellen zu identifizieren, um Szenarien zu plausibilisieren und validieren.

Ein umfassender Ansatz und Rahmen für den Umgang mit zukünftigen Entwicklungen und Trends ist der Strategic Foresight-Prozess, der ursprünglich von Voros (2003) beschrieben und unter anderem von Conway (2016) weiterentwickelt wurde und welcher der Autor als zielführend zur sinnvollen Ergänzung des Strategieentwicklungsprozesses ansieht. Bevor auf Anwendungsbeispiele eingegangen wird, werden jeweils in den vorhergehenden Abschnitten die wichtigsten Prinzipien erläutert, als auch nochmals auf die Hintergründe des Konzeptes eingegangen.

Das Strategic Foresight Konzept entstand im Umfeld der Verteidigungs- und Militärstrategie nach dem Zweiten Weltkrieg und wurde anschließend zum einen von nationalen Regierungen adaptiert, um politische Entscheidungen vorbereitend einzuordnen, zum anderen von Konzernen wie Shell übernommen, um ihre Geschäftsstrategie fundierter abzuleiten (Ponce Del Castillo, 2019). Strategic Foresight ist nach Popper (Popper, 2011) ein systematischer, inklusiver, zukunftsorientierter Prozess mit dem Ziel, politische, wirtschaftliche, technologische oder soziale Zukunftsszenarien zu antizipieren, empfehlen und transformieren (s. auch Abb. 3.1). Es kann auch als Prozess zur Entwicklung eines definierten Zukunftsbildes

3 Bewertung von disruptiven Entwicklungen in der Automobilindustrie mit Hilfe … 45

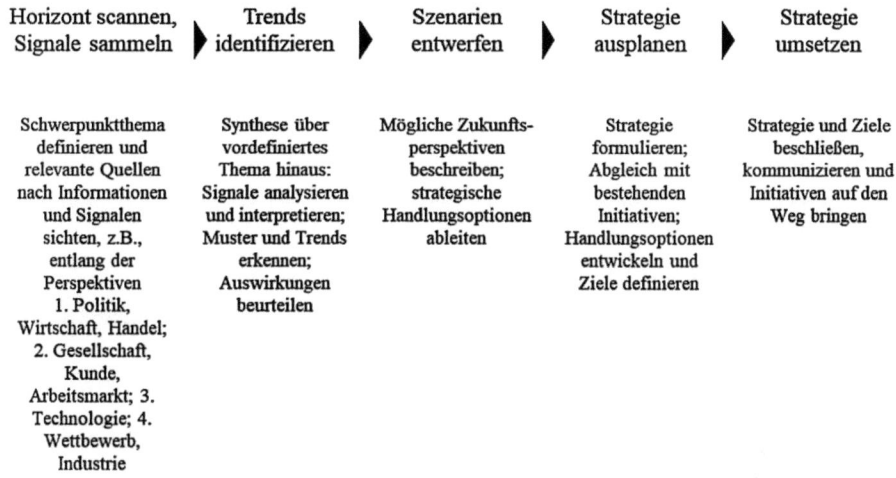

Abb. 3.1 Mercedes-Benz Strategic Foresight Framework. (Eigene Darstellung)

beschrieben werden, um damit Entscheidungsfindungen im hier und jetzt zu bereichern, in der Hoffnung vorausschauende und somit bessere strategische Entscheidungen zu treffen. Es handelt sich weder um Prognosen, auf Basis scheinbar valider fortgeschriebener Indikatoren, noch um jedwede Art von Zukunftsvorhersage.

Um potenziell disruptive Entwicklungen erfolgreich antizipieren zu können, ist es nicht nur wichtig, die richtigen Prozessschritte zu durchlaufen, sondern vor allem auch bestimmte Denkmuster zu durchbrechen. Wichtig ist die Akzeptanz und Zulassen von Ungewissheiten anstelle der Eingrenzung auf Wahrscheinlichkeiten und Gewissheiten, Querdenken anstatt linearem Denken, hypothetische Fragen („Was-wäre-wenn") anstelle von nicht-spekulativen Fragen, sowie ein systemisches Denkmodell in Ursache-Wirkungsvermutungen. Die Einbeziehung von verschiedensten Fakten- und Inspirationsquellen ist weitere Grundvoraussetzung für die erfolgreiche Durchführung eines Strategic Foresight Prozesses.

Wie andere Automobilkonzerne, so verfügt auch Mercedes-Benz bereits über ausreichende Forschungs-Ressourcen, um Analysen und Recherchen zum eigenen Geschäftsumfeld durchzuführen. Um das vorhandene Know-how innerhalb der Organisation zu nutzen und den Strategic Foresight Prozess voranzutreiben, ist es empfehlenswert am Anfang mit dem Scannen des Geschäftsumfeldes, dem sogenannten „Scannen des Horizonts", zu beginnen, und hierbei existierende Signale und Analysen zu einem definierten Schwerpunktthemenkomplex zusammenzustellen.

Typischerweise sind dies Erkenntnisse aus der Marktforschung und komplementierende Branchentrend-Analysen. Hierzu gehören beispielsweise Kundenstudien und Aussagen zu deren Präferenzen, Erkenntnisse aus der Marktforschung oder Produktbenchmarks. Weiterhin gehören hierzu mindestens die Sichtung der Aktivitäten von Wettbewerbern, Lieferanten und Technologietrends.

Bei der Bewertung von Entwicklungen im Elektrofahrzeugmarkt wurden zu Beginn Signale aus verschiedensten Bereichen des Geschäftsumfeldes gesammelt und bewertet:

1. *Politische und regulatorische Situation*: Verständnis hinsichtlich supranationaler, nationaler und regionaler Regulierungsinitiativen, wie z. B. Einfahrrestriktionen oder Beschränkungen des Verkaufs oder Betriebs eines Verbrennungsmotors, Einflussnahme Nichtregierungsorganisationen auch über Rechtsprozesse
2. *Infrastrukturentwicklung*: Wettbewerb, Regulierung und Wachstum der Ladeinfrastruktur für EVs
3. *Kundenakzeptanz*: Verständnis der Kaufentscheidungsmechanismen von (potenziellen) Kunden, wie zum Beispiel wirtschaftliche Gesamtbetriebskostenvorteile oder Zugehörigkeitswunsch zu den Early-Adoptern
4. *Technologie*: Verständnis für technologische Entwicklungen und Trends, insbesondere Batterie-/Zellchemie, sowie des Elektroantriebs. Weiterhin Empfehlung, aufkommende technologische Entwicklungen in der frühen Forschungsphase, als auch bei Startups und Lieferanten genau zu verfolgen
5. *Business Case Stellhebel*: Verständnis der typischen Einsatzfaktorentreiber und Sensitivitäten, wie Kosten und Umsatz, Berücksichtigung von steuerlichen oder sonstigen Kaufanreizen
6. *Ambitionen und Entwicklung der Wettbewerber*: Verständnis der Elektrostrategien von traditionellen Herstellern im Vergleich zu neuen Marktteilnehmern, Absatzentwicklung eigenes vs. Wettbewerber Produktportfolio
7. *Bewertung und Einordnung von Investoren am Kapitalmarkt*: kurz- und langfristige Perspektiven des Kapitalmarkts traditionelle vs. neue Wettbewerber

Um die Marktdynamik insbesondere am Anfang eines Prozesses besser einzuordnen und deren Entwicklung über den Zeitverlauf verfolgen zu können, ist es empfehlenswert, Indikatoren für diese Dimensionen (s. auch Tab. 3.1) zu definieren, regelmäßig zu erfassen und Schlussfolgerungen aus deren Analyse zu vergemeinschaften. Diese Indikatoren können auch qualitativer Natur sein und helfen den Beteiligten des Strategic Foresight Prozesses, sich den grundlegenden Marktmechanismen des Schwerpunktfeldes zu nähern.

Um das Marktgeschehen insbesondere auch der weiterhin marktbeherrschenden traditionellen Automobilwettbewerber besser einzuordnen und mit den Vorhersagen diverser Institute abzugleichen, bot es sich während der Trendanalyse an, die Phase-Out Ankündigungen der Wettbewerber zum Themenfeld Verbrennermotoren gezielt zu monitoren und mit den Kenntnissen des Portfolio-Lineups abzugleichen (s. auch Abb. 3.2). Aus diesen Erkenntnissen ließen sich sehr gut auch weitere Erkenntnisse, wie Einfluss auf Batterie-Rohstoffbedarf und Batterie-Fertigungskapazitäten ableiten.

Um die in der Regel existierende Marktforschung aus den Linienbereichen mit wertvollen Erkenntnissen zu ergänzen, ist es vorteilhaft, sich zu Schwerpunktthemen Expertenmeinungen von innerhalb und außerhalb des Unternehmens einzuholen. Ein auch vom Strategiebereich initiierter Austausch mit Fachexperten bietet in der Regel wertvolle Einblicke in die Entwicklung von Technologien und deren potenzielle Auswirkungen auf die Branche.

Tab. 3.1 Beispielhaftes Set von Indikatoren

Dimension	Beispielhafte Indikatoren	Empfehlung
Politik: Regulatorische Situation	Wichtigste politische Ziele, Gesetzesinitiativen und Gesetze, Quotenregelungen, gesetzlich festgelegte Ausstiegszeitpunkte, Förderungen	Frühzeitiges Antizipieren von sozialen oder politischen Entwicklungen, die sich in einem frühen Stadium eines Gesetzgebungsverfahrens befinden
Infrastruktur	Anzahl der verfügbaren Ladepunkte (ggf. unterteilt nach Leistungsabgabe) pro Einwohner/Elektrofahrzeug/Region	Berücksichtigung von Entwicklungen, welche Nutzung aus Kundensicht erleichtern
Kunden -akzeptanz	Absatz Kunden- und Kaufpräferenz Markenattraktivität („Marke der Wahl") Kauf- und Betriebskosten im Vergleich zu Substituten	Berücksichtigung von early adopter Kaufentscheidungen und deren Hintergründe. Ggf. auch außerhalb heutiger Segmente („warum wurde ein Wechsel von Segment x zu Segment y erwogen/umgesetzt")
Technologie -reife	Bzgl. Batterie zum Beispiel: Energiedichte pro Volumen/Gewicht Ladezeit Lebensdauer	Differenzierende Faktoren welche einen unmittelbaren Einfluss auf Kundenerlebnis im Produktvergleich haben.
Business Case Stellhebel	Kostenentwicklung über Zeit (Kosten pro kWh Zelle oder Batterie) Realisierte Verkaufspreise	Analyse Gewinn- und Verlustrechnung, Feedback von Equity Marktanalysten zu Wettbewerbern
Wettbewerb	EV-Absatzentwicklung und Marktdurchdringung Geplante Modelle (Phase-In, Phase-Out) und deren Produktionsstart Forschungsausgaben und Investitionen in Wertschöpfungskette	Berücksichtigung von Marktteilnehmern, welche aktuell nicht als Wettbewerber eingestuft werden, hierzu zählen auch bisherige Lieferanten, Technologie-Unternehmen mit relevantem Intellectual Property oder Teilnehmer mit exklusivem Zugang zu bestimmten Märkten (z. B. Batteriehersteller, Rohstoff Verarbeiter, Infrastrukturunternehmen)
Kapitalmarkt	Marktkapitalisierung, Sentiment	Meinungen und Stimmungen von Analysten oder sehr gut informierten Meinungsbildern und Experten helfen zur Bewertung, hierzu zählen auch Journalisten mit fundierten Kenntnissen des Themas

Neben quantitativen Signalen ist es zudem sehr wichtig, gezielt Signale von bestehenden und zukünftigen Kunden zu sammeln. So verfolgt Mercedes-Benz diverse fallspezifische Ansätze, um Verbraucherpräferenzen zu erheben und zu verstehen:

- Regelmäßige Durchführung von *Marktforschungsanalysen*, um Verbraucherpräferenzen, Kaufmuster und Meinungen zu bestehenden Produkten zu verstehen. Hierzu gehören *Umfragen, Fokusgruppen* und *datengetriebene Analysen* zum Beispiel aus Online-Vertriebskanälen.

	2020	2025	2030	2035	2040
Tesla	all-electric				
Jaguar		all-electric			
Mercedes-Benz			Ready for all-electric "where market conditions allows"		
Bentley			all-electric		
Rolls-Royce			all-electric		
Volvo Cars			all-electric		
Audi		2026 last ICE launch		all-electric	
Porsche			> 80 % electric		
Volkswagen				Europe all-electric	
Stellantis			Europe all-electric		
Renault			Europe all-electric		
Ford			Europe all-electric		
GM				all-electric	
Lexus				all-electric	

Abb. 3.2 Beispielhafter Indikator Verbrennermotor Phase-Out Ankündigungen Wettbewerber. (Quelle: eigene Recherche auf Basis Unternehmensankündigungen, Bernstein, 2022)

- Eine *Social-/Media-Analyse* hilft, den aktuellen Diskurs über das eigene Unternehmen, der eigenen Marke, sowie deren Produkte, als auch der des Wettbewerbs zu verfolgen.
- *Kundeninteraktionen und -transaktionen* können mit Hilfe eines CRM-System verfolgt und zu analysiert werden, um Muster und Trends im Verbraucherverhalten zu erkennen.
- Feedback aus Kundensurveys und Ticket-Rückmeldungen aus Service Centern bietet wertvolle Erkenntnisse darüber, was Verbraucher an Ihren Produkten mögen und was nicht.
- Neue Funktionen oder auch Produkte können mit einer Gruppe von Verbrauchern bereits im Prototypenstadium getestet werden, um Feedback zu sammeln und notwendige Anpassungen vor der Markteinführung vorzunehmen.
- Aus der Zusammenarbeit mit Partnern und Lieferanten ergeben sich in der Regel weitere Erkenntnisse über Verbraucherpräferenzen und -trends.

Technologiegetriebene Disruptionen werden oft von innovativen Unternehmen gemeinsam mit der Nachfrage von Early Adopters auf dem Markt ausgelöst. Die Durchführung einer Wettbewerbsanalyse kann dabei helfen, das Verständnis über die Marktdynamik anzureichern. Es ist jedoch wichtig, dass der Kunden- und „Marktfokus" bei der Bestimmung der eigenen Strategie immer einer Wettbewerberanalyse vorausgehen sollte, „[da] Strategie nicht dazu da ist, die Konkurrenz zu schlagen; sondern Kundenbedürfnisse zu erfüllen" (Ohmae, 1988).

Dennoch hilft die Wettbewerbsanalyse gerade dann, wenn sich das Unternehmen mit bisher unbekannten Technologien und Branchen auseinandersetzen muss. Wie Ranen hervorhebt, „sehen wir heute die Konvergenz traditionell voneinander unabhängiger Branchen. Unternehmen sehen sich zunehmend mit grundlegend neuen Arten von Wettbewerbern konfrontiert" (Ranen, 2020). Daher hilft die Analyse eines eventuell auch neuen Wettbewerbers, Entwicklungen in Bezug auf Chancen und Risiken besser einzuordnen.

Es gibt eine ganze Reihe vielversprechender Quellen, die genutzt werden können, um einen umfassenden Überblick in das Wettbewerbsumfeld zu gewinnen.

Eine ergiebige Quelle sind die *Finanzberichte* der Unternehmen, welche beispielsweise auch bei Aufsichtsbehörden wie der Securities and Exchange Commission (SEC) eingereicht wurden und auffindbar sind. Diese Berichte liefern wertvolle Informationen über die finanzielle Leistung, Produkte, aber auch gegenüber Shareholdern kommunizierte Pläne eines Wettbewerbers. Berichte und Untersuchungen von *Branchenanalysten und Marktforschungsunternehmen* liefern neben den *Unternehmenswebsites* und *Social-Media* ebenso sehr wertvolle Erkenntnisse. Speziell für technologiebezogene Aspekte kann das Scannen der *Patente und Marken* eines Unternehmens einen Einblick in seine Forschungs- und Entwicklungsaktivitäten geben und einen ersten Eindruck von seinen Plänen für zukünftige Produkte vermitteln. Die Teilnahme an *Messen und Konferenzen* bietet Gelegenheit, Produkte und Dienstleistungen der Wettbewerber unmittelbar zu erleben oder sich direkt von Unternehmensvertretern über ihre Pläne und Strategien informieren zu lassen. *Nachrichtenartikel, Pressemitteilungen oder Veranstaltungen* können Informationen über die jüngsten Aktivitäten eines Wettbewerbers, wie z. B. neue Produkteinführungen oder Partnerschaften, sowie über deren Gesamtstrategie liefern. *Mitarbeiterbewertungen und Online-Foren* können wertvolle Informationen über die Kultur, die Arbeitsbedingungen und die allgemeine Stimmung der Mitarbeiter eines Unternehmens liefern. Auch *Karriereplattformen* bieten heute diverse Business Intelligence Lösungen, um Akquise-Aktivitäten oder den Status und vergangene Wanderungsbewegungen der Belegschaft nachzuvollziehen.

Insgesamt erfordert die Durchführung einer effizienten Wettbewerbsanalyse das Sammeln von Informationen aus mehreren Quellen, z. B. öffentlich zugänglichen Finanzberichten, Branchenberichten, Unternehmenswebsites, Patenten und Marken, Messen und Konferenzen, Nachrichtenartikeln und Pressemitteilungen, Mitarbeiterbewertungen und Online-Foren. Je mehr Informationen gesammelt werden, desto besser ist das Verständnis der Wettbewerbslandschaft.

Nehmen wir das Beispiel der Fahrzeugsoftware und speziell der Domäne des autonomen Fahrens (Autonomous Drive, AD), einer Domäne, in der der zugrunde liegende Tech-Stack und die Software hochkomplex sind und einwandfrei funktionieren müssen, um komplexe Verkehrssituationen sicher meistern zu können. Eine sehr offensichtliche Frage, mit der sich jeder Autohersteller auseinandersetzen muss, ist, ob es vorzuziehen ist, stark in einen eigenen proprietären AD-Stack zu investieren oder sich besser auf Lösungen von Drittanbietern zu verlassen und diese in das Fahrzeug zu integrieren. Die „secret sauce" eines jeden fortschrittlichen autonomen Systems basiert auf seinem Algorithmus und insbesondere auf seiner Fähigkeit, auf so viele Grenzfälle („edge cases") wie möglich trainiert zu werden. Ein edge case beim autonomen Fahren bezieht sich auf eine Situation oder ein Szenario, das selten oder unwahrscheinlich ist, aber dennoch auftreten kann und im schlechtesten Fall dazu führen würde, dass sich die autonomen Systeme des Fahrzeugs unerwartet und damit unsicher verhalten oder ausfallen.

Beispiele für Grenzfälle beim autonomen Fahren sind extreme Wetterbedingungen, unerwartete Straßensperrungen oder die Begegnung mit nicht motorisierten Verkehrsteilnehmern an unerwarteten Orten. Ein Grenzfall der manchmal zur Illustration der Unwägbarkeiten herangezogen wird, ist das Spiegelbild der eigenen Fahrzeugfront auf der Rückseite eines vorausfahrenden blank polierten Stahltankaufliegers, wie er manchmal auf US-Highways anzutreffen: Dieser kann ohne Weiteres von einem AD-Bildsensor auch als entgegenkommendes Fahrzeug interpretiert werden.

Diese Situationen sind für die Sensoren und die Software des Fahrzeugs schwierig zu interpretieren. Durch die Identifizierung möglichst vieler solcher edge cases und dem Training der autonomen Fahralgorithmen, können jedoch die Leistung und Sicherheit des Systems erheblich verbessert werden. Dies erfordert jedoch eine hinreichend große Zahl an gesammelten Daten zu ebendiesen Grenzfällen, einen großen Aufwand durch Labelling und Trainieren der edge cases (supervised machine learning), als auch die Fähigkeit die Daten auf einem High Performance Chip im Fahrzeug, ohne eine Latenz zur Cloud zu verarbeiten. Wenn sich ein Automobilhersteller nun für eine Option entscheiden muss, welchen AD-Pfad – selbstentwickelt oder proprietär – dieser einschlagen soll, muss er die Entwicklungen und auf dem Markt verstehen und die Leistungsfähigkeit der Wettbewerber, sowie potenzieller Partner einschätzen lernen.

Ein sehr prominentes Einzelfallbeispiel, bei dem die AD-Strategie verhältnismäßig breit im öffentlichen Diskurs diskutiert oder vorgestellt wurde, ist Tesla's Full Self Driving-System. Das Full Self-Driving (FSD)-System von Tesla gilt als ein sehr fortschrittliches und zudem im Markt skaliertes AD-System. Ursprünglich wurde eine Kombination aus Kameras, Radar, Ultraschallsensoren, GPS und High-Performance-Compute Prozessoren verwendet, um ein hoch entwickeltes und integriertes System für autonomes Fahren bereitzustellen. Teslas Entscheidung, den erheblich teureren FSD-Hardware-Stack grundsätzlich in alle seit Oktober 2016 produzierten Tesla-Modelle in Serie vorzurüsten, verbunden mit der Möglichkeit, diesen auch nach dem Erstkauf des Fahrzeugs zu erwerben und per Softwareupdate zu aktivieren, erregte die Aufmerksamkeit der Autoindustrie und Kunden. Gestützt durch Berichte einer großen Fangemeinde, öffentliche Veranstaltungen, wie die Tesla AI Days, konnte man die Tesla AD-Strategie laufend verfolgen und Teslas Marktposition und Performance im Verhältnis zur eigenen sehr gut einordnen. Letztendlich hat sich Mercedes-Benz nicht für die alleinige Entwicklung eines AD-Systems entschieden, sondern ist eine strategische Partnerschaft mit NVIDIA eingegangen. Hintergrund war, dass Mercedes-Benz „der Meinung war, dass [NVIDIA] mit ihren kommenden Chipsätzen und den vereinten Kräften der Softwarefähigkeiten die zukunftsstärkste Technologie für diesen Bereich haben" wird (Mercedes-Benz Group AG, 2022). Dem vorausgegangen war eine intensive Untersuchung mit dem Ansatz des Strategic Foresights.

3.4.1 Strategic Foresight-Prozess und Team

Wie bereits erwähnt, ist die Einbeziehung verschiedenster Quellen und die Einbindung von Vordenkern und Fachexperten innerhalb und außerhalb des Unternehmens eine wichtige Voraussetzung, um den Foresight-Prozess erfolgversprechend durchzuführen und zu bereichern.

Die Einbeziehung einer diversen Gruppe von Impulsgebern führt zu einem umfassenderen Verständnis von Signalen, Entwicklungen und daraus abgeleiteten möglichen Zukunftsszenarien. Hierbei ist es wichtig vor allem auch Raum zu schaffen, um bestehende Annahmen hinterfragen zu können und somit Gelegenheit für neue Erkenntnissen und Möglichkeiten zu bieten. Ein robusteres und genaueres Verständnis potenzieller Zukunftsszenarien wird nur dann ermöglicht, wenn heute zugrunde liegende Annahmen bewusst in Frage gestellt werden dürfen.

Insgesamt führt die Einbeziehung von Personen verschiedenster Disziplinen und Hintergründe im Strategic Foresight Prozess bei Mercedes-Benz zu einem umfassenderen, innovativeren und genaueren Verständnis potenzieller Zukunftsszenarien, was letztendlich die strategische Planung und somit Entscheidungsfindung verbessert.

Um den strategischen Foresight-Prozess erfolgreich durchzuführen, empfiehlt es sich, eine vielfältige Gruppe von Denkern zu engagieren, die den Foresight-Prozess unterstützen und hierarchieübergreifend virtuelle Netzwerke bilden und dabei auf temporäre Teams zurückgreifen können (Schmidt, 2015). ARUP bietet einen guten konzeptionellen Rahmen, wie Mitglieder im Rahmen des Strategic Foresight in die verschiedenen Schritte des Horizont-Scanning-Prozesses einbezogen werden können (ARUP, 2017; s. auch Abb. 3.3) und welcher, wenn auch nicht vollumfänglich formalisiert, so grundsätzlich auch Anwendung bei Mercedes-Benz findet.

Neben der Möglichkeit eines konstanten Feedbacks zwischen den Prozessschritten, ist zu erwähnen, dass es über den klassischen Horizont-Scanning-Prozess mehrere Möglichkeiten gibt, wie sichergestellt werden kann, hieraus entstehende Ideen zur Verbesserung von Produkten und Dienstleistungen effektiv in die allgemeine Geschäftsstrategie zu integrieren. Ein erster wichtiger Schritt ist der Aufbau eines eigenen Forschungs- und Innovationsteams, das für die Durchführung von Wettbewerbs- und Marktforschung, und darüber hinaus idealerweise auch für die Generierung und Bewertung von Ideen zur Verbesserung von Produkten und Dienstleistungen, verantwortlich ist. Dabei sind die Ergebnisse von Forschungs- und Innovationsaktivitäten an die relevanten Stakeholder im Unternehmen zu kommunizieren und sicherzustellen, dass nächste Schritte klar definiert und umgesetzt werden.

Für bestimmte Foresight-Themen und Themen, die noch von keiner Linienfunktion behandelt oder überwacht werden, wird empfohlen, dezidierte Teams einzurichten. Ein sehr wichtiger Erfolgsfaktor bei Mercedes-Benz war und ist, diesen Teams die Möglichkeit zu geben, Erkenntnisse direkt mit Entscheidungsträgern der

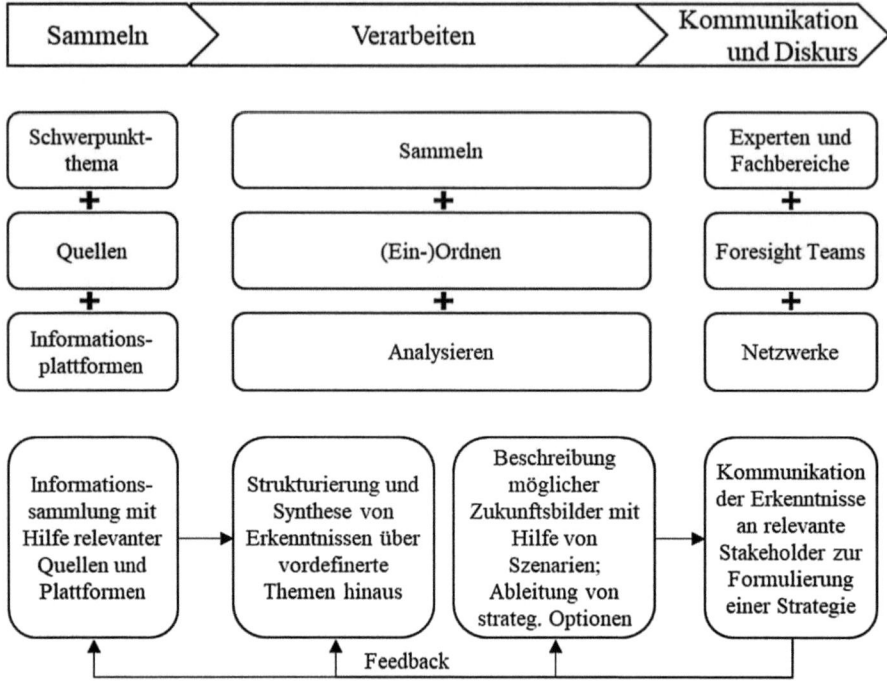

Abb. 3.3 Prozessschema „Scannen des Horizonts". (Quelle: ARUP, 2017)

strategischen Planung zu teilen. Hierzu zählen die Strategieabteilung oder gegebenenfalls der Vorstand. Die Leitung der Strategieabteilung trägt wesentlich dazu bei, dass ein solcher hierarchie- und funktionsübergreifender Ansatz akzeptiert wird und relevante Strategiediskussionen nicht aus unternehmenskulturellen Gründen gebremst oder mit politischem Gegenwind konfrontiert werden. Ohne diese Voraussetzung würde der Strategic Foresight und folglich die strategische Planung negativ beeinflusst (Slaughter, 1997).

3.4.2 Szenarioanalyse im Rahmen des Strategic Foresight: Beschreibung von „Zukunftsbildern"

Nach dem erfolgreichen Sammeln und Interpretieren der Signale sowie dem Formulieren von ersten Synthesen ist das Ableiten von möglichen Zukunftsbildern der nächste Schritt, bevor hieraus schließlich strategische Optionen zur Entscheidung und die strategische Planung abgeleitet werden.

Eine gängige Definition eines Szenarios ist, dass es sich um eine plausible und intern konsistente Beschreibung dessen handelt, wie sich die Zukunft entwickeln könnte, dies basierend auf einer Reihe von Annahmen über Ursache-Wirkungszusammenhängen. Es handelt sich nicht um eine Vorhersage oder Prognose, sondern um ein Instrument zur Untersuchung möglicher Zukunftsbilder und deren Auswirkungen. Szenarien können anhand einer Reihe quantitativer und qualitativer Daten entwickelt werden. Solche Szenarien können Unternehmen helfen, potenzielle Chancen und Risiken zu identifizieren und Pläne zu entwickeln, um diesen zu begegnen. Ein Schlüsselfaktor für einen erfolgreichen Szenarioprozess ist eine frühzeitige Einbindung relevanter Entscheidungsträger und Stakeholder, um politische Unterstützung, Akzeptanz der Ergebnisse, sowie die Einbeziehung unterschiedlicher Perspektiven sicherzustellen (Weimert & Römer, 2021; Cairns & Wright, 2018; Habegger, 2010). Darüber hinaus ist es empfehlenswert, sich auf eine erfahrene Moderation zu verlassen, die innovatives, spekulatives Denken fördert und über ein Mindestmaß an fachlicher Expertise verfügt (Weimert & Römer, 2021; Godet, 2000). Es handelt sich dabei um eine Rolle, für die die Strategieabteilung prädestiniert ist. Abb. 3.4 liefert einen Überblick, wie ein solcher deduktiver Szenarioprozess strukturiert werden kann (ARUP, 2017).

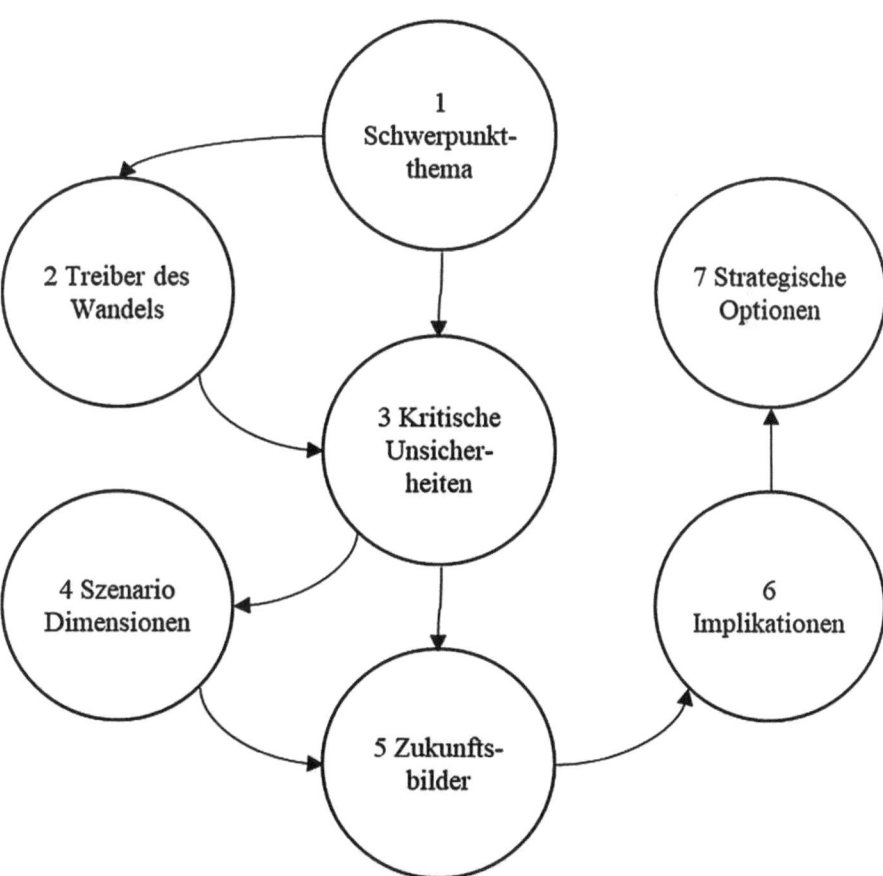

Abb. 3.4 Deduktiver Szenarioprozess. (Quelle: ARUP, 2017)

Tab. 3.2 Beispiel eines deduktiven Prozesses zur Szenarioableitung

Deduktive Prozessschritte	Beispielhafte Beschreibung „digitalisierter Direktvertrieb"
1. Schwerpunktthema	Vom Agenten zum Direktvertriebsmodell: Über alternative Wege, Elektroautos zu verkaufen
2. Treiber des Wandels	Treiber 1: Sich verändernde Kaufpräferenzen zu Gunsten Online-Sales Treiber 2: Digitalisierung des Vertriebskanals Treiber 3: Direktvertriebsmodelle anderer Branchen Treiber 4: Showroom in Top-Lage vs. Randbezirken Treiber 5: Markenkooperationen mit cross-sales
3. Kritische Unsicherheiten	Unsicherheit 1: Regulatorische Situation wie bspw. Direktvertriebsverbot OEM in den USA Unsicherheit 2: Bereitschaft Händler hinsichtlich des alternativen Vertriebsmodells Unsicherheit 3: Verwässerung persönliche Kundenbeziehung Treiber 4: Risiko Abhängigkeit von Shopping-Plattformen und Aggregatoren Treiber 5: Transparenz der Preise
4. Szenario Dimensionen	Marketing & Brand, Kundenbeziehung, Bestellprozess, Händler und Mitarbeiter, Service und Wartung, Auslieferung, Regulatorik, Wettbewerb, Technologie je Touchpoint
5. Zukunftsbilder	Narrativ 1: Im Markt x werden die neuen Modellreihen der Marke y über unseren Online-Shop direkt an die Kunden verkauft. Option zum Betrachten und Erleben des Modells über virtual reality Lösungen oder über Showroom in Top Innenstadt Lage. Der Kaufprozess wird vereinfacht: max. y Konfigurationsoptionen, wobei eine Konfiguration max. a Schritte, die Vorbestellung b und die endgültige Bestellung c Prozessschritte erfordert
6. Implikationen	Pro: Direktvertrieb mit vollumfänglicher Einflussmöglichkeit auf Angebot und Preis, verbesserte Effizienz (geringere Kosten), größere Flexibilität (Preisgestaltung, Angebote, Reaktion auf Änderungen), bessere Daten und Analysen, stringenter Markenauftritt etc. Contra: Vertrauensverlust Händler bis hin zu Abwanderung andere Hersteller etc.
7. Strategische Optionen	Vollständige Übernahme des Direktvertriebs, teilweise Übernahme für ausgewählte Modelle/Märkte, „stick to tradition" etc.

In Tab. 3.2 wird skizziert, wie dieser deduktive Szenarioprozess Anwendung findet. Wie bereits erwähnt, hat es die Digitalisierung den Verbrauchern erleichtert, Fahrzeuge online zu recherchieren und vergleichen. Was schließlich zu einer Veränderung der Art und Weise geführt hat, wie Autos verkauft und vermarktet werden. In der folgenden Tabelle ist skizziert, wie ein solches Szenario „digitalisierter Direktvertrieb" abgeleitet werden kann.

Generell kann gesagt werden, dass „Szenarien, wenn sie nicht in Veränderungen (Lernen oder Handeln) umgesetzt werden, oft als theoretische ‚Scheinübungen' verharren oder lediglich in Berichten präsentiert werden, die keinen großen praktischen Wert haben" (UNDP, 2018, 31). Das Verständnis und die Adressierung der möglichen Schwächen und Grenzen von Szenarioanalysen sind daher unerlässlich, um die wirkliche Effektivität und Umsetzbarkeit dieser Analysen zu gewährleisten. Es ist wahr, dass Szenarioanalysen:

- oft auf Annahmen basieren, die nicht notwendigerweise eintreten. Hier ist die Vielfalt der identifizierten Treiber entscheidend. Bei vielen Treibern gibt es stets eine Anzahl, deren Entwicklung ungewiss ist, die aber entscheidend für das Ergebnis sein kann.
- sich auf eine begrenzte Anzahl vordefinierter Szenarien konzentrieren, was nicht alle möglichen zukünftigen Umstände berücksichtigt.
- sich in der Regel auf eine enge Palette von Faktoren beschränken, wie regulative, wirtschaftliche oder technologische Trends, und dabei andere wichtige Aspekte vernachlässigen.

Doch genau hier kommt die Erfahrung des Autors ins Spiel. Es hat sich gezeigt, dass es von entscheidender Bedeutung ist, sich während der Phase des „Sammelns und Verarbeitens" intensiv auch mit Unsicherheiten in Form von Szenarien auseinanderzusetzen, um die Meinungsbildung innerhalb der Organisation zu vertiefen und die Beteiligten für die Vielschichtigkeit der Zukunft zu sensibilisieren. Diese praxisnahe Herangehensweise ermöglicht es, den Wert von Szenarioanalysen jenseits der Theorie zu erkennen und gleichzeitig den Horizont nach Signalen zu sichten, die ebendiese Szenarien stützen oder untergraben.

Eine in der Praxis häufig angewendete und vom Autor in der Vergangenheit erlebte Alternative zur umfassenden Szenarioanalyse besteht in der vereinfachten Festlegung auf ein einziges Szenario. Obwohl dieses Vorgehen weniger komplex und zeitaufwändig erscheinen mag, birgt es erhebliche Risiken. Die Reduktion auf ein einzelnes Zukunftsbild kann dazu führen, dass die Vielschichtigkeit und die Komplexität des Marktumfelds und der zugrunde liegenden Treiber nicht angemessen erfasst werden. Sollten sich zentrale Treiber signifikant ändern, wird dies den gesamten Strategieentwicklungsprozess grundlegend in Frage stellen.

Ein solches Vorgehen untergräbt zudem die Glaubwürdigkeit der Ergebnisse. Stellen sich die Annahmen als fehlerhaft heraus, muss in der Regel ein neuer, ressourcenintensiver Strategieprozess eingeleitet werden. Dieser Prozess könnte durch das Misstrauen gegenüber den vorhergehenden Annahmen und den damit verbundenen Experten belastet sein. Diese Experten könnten aufgrund ihrer zuvor getroffenen überbestimmten Vorhersagen wenig motiviert sein, erneut aktiv an der Strategieentwicklung teilzunehmen. Dies würde die Effizienz und Effektivität der Strategiearbeit weiter beeinträchtigen. Es ist daher von großer Bedeutung, die Komplexität und Unvorhersehbarkeit zukünftiger Entwicklungen in der Strategiearbeit angemessen zu berücksichtigen.

3.5 Schlussfolgerung

Die Automobilindustrie steht vor signifikanten Veränderungen, getrieben durch disruptive Technologien wie Elektrifizierung und Digitalisierung. Traditionelle Ansätze, wie Frühwarnsysteme, waren zwar in der Vergangenheit nützlich, um Unternehmen auf Chancen und Risiken aufmerksam zu machen, zeigten jedoch auch ihre Grenzen. Sie konzentrierten sich primär auf quantitative Daten, wodurch tiefere Einsichten und das Hinterfragen grundlegender Annahmen oft übersehen wurden. Genau hier setzt der Strategic Foresight-Prozess an, der weitreichende Vorteile bietet:

- *Tiefere Einblicke:* Er ermöglicht nicht nur das Erkennen möglicher Entwicklungen, sondern auch das Verständnis der zugrunde liegenden Ursachen und Auswirkungen.
- *Anpassungsfähigkeit:* Durch das Aufzeigen verschiedener möglicher Szenarien können Unternehmen flexibler agieren und sich an sich verändernde Bedingungen anpassen.
- *Interdisziplinarität und kollaborative Entscheidungsfindung:* Durch den Einbezug verschiedener Perspektiven und Expertisen fördert Strategic Foresight ein holistischeres Verständnis und eine kollaborative Entscheidungsfindung, bei der verschiedene Stakeholder und Lösungsansätze im Entscheidungsprozess berücksichtigt werden.
- *Innovationsantrieb:* Strategic Foresight fördert ein kreatives und zukunftsorientiertes Denken, welches die Innovationsfähigkeit von Unternehmen steigern kann.
- *Risikomanagement:* Frühzeitiges Erkennen von Chancen und Bedrohungen ermöglicht besseres Risikomanagement und effizientere Ressourcenallokation.

Die Erfahrung des Autors bei Mercedes-Benz unterstreicht die Notwendigkeit eines solchen Ansatzes. Eine reine Fokussierung auf quantitative Daten führt oft zu unvollständigen Szenarien. Im Gegensatz dazu betont Strategic Foresight die Bedeutung des Einbezugs verschiedener Informationsquellen und die Offenheit für neue Perspektiven. Dieser erweiterte Blickwinkel ist entscheidend, um das sich ständig verändernde Marktumfeld oder Technologielandschaft besser zu verstehen und fundierte, strategische Entscheidungen zu treffen.

Literatur

ARUP. (2017). *An introduction to corporate foresight*. https://www.arup.com/perspectives/publications/research/section/an-introduction-to-corporate-foresight. Zugegriffen am 19.10.2023.

Bernstein. (2022). *Electric Revolution 2022: Government and auto OEM targets underpin faster EV transition*. www.bernsteinresearch.com. Zugegriffen am 11.01.2023.

Cairns, G., & Wright, G. (2018). *Scenario thinking: Preparing your organization for the future in an unpredictable world* (2. Aufl.). Springer International Publishing.

Christensen, C. M., Anthony, S. D., & Roth, E. A. (2014). *Seeing what's next: Using the theories of innovation to predict industry change*. Harvard Business School Press.

Conway, M. (2016). *Foresight infused strategy: A how-to-guide for using foresight in practice*. Thinking Futures.

Godet, M. (2000). The art of scenarios and strategic planning: Tools and pitfalls. *Technological Forecasting and Social Change, 65*(1), 3–22.

Habegger, B. (2010). Strategic foresight in public policy: Reviewing the experiences of the UK, Singapore, and the Netherlands. *Futures, 42*(1), 49–58.
International Energy Agency. (2018). *Global EV outlook 2018*. https://www.iea.org/reports/global-ev-outlook-2018. Zugegriffen am 06.12.2022.
Mercedes-Benz Group AG. (2021). *Mercedes-Benz Strategy Update: electric drive*. https://group.mercedes-benz.com/. Zugegriffen am 15.02.2023.
Mercedes-Benz Group AG. (2022). Q4 2021 earnings conference call February 24, 2022. transcript 3:00 AM ET.
Ohmae, K. (1988). Getting back to strategy. *Harvard Business Review, 66*(6), 149–156.
Ponce Del Castillo, A. (2019). *Anticipating change, staying relevant: why trade unions should do foresight. A Foresight field guide*. ETUI.
Popper, R. (2011). https://rafaelpopper.wordpress.com/. Zugegriffen am 01.11.2022.
Ramírez, R., & Selsky, J. W. (2016). Strategic planning in turbulent environments: A social ecology approach to scenarios. *Long Range Planning, 49*, 90–102.
Ranen, M. (2020). *Scenario planning: Redefining strategy in disruptive times*. https://chiefexecutive.net/scenario-planning-redefining-strategy-in-disruptive-times/. Zugegriffen am 19.09.2022.
Reinhardt, W. A. (1984). An Early Warning System for Strategic Planning. *Long Range Planning, 17*(5), 25–34.
Schmidt, J. M. (2015). Policy, planning, intelligence, and foresight in government organizations. *Foresight, 17*(5), 489–511.
Slaughter, R. A. (1997). Developing and applying strategic foresight. *ABN Report, 5*(10), 13–27.
UNDP Global Centre for Public Service Excellence. (2018). Foresight manual: Empowered futures for the 2030 agenda.
Voros, J. (2003). A generic foresight process framework. *Foresight, 5*(3), 10–21.
Weimert, B., & Römer, S. (2021). Bestandsaufnahme der Szenariomethodik Ansätze einer kritischen Analyse. *Zeitschrift für Zukunftsforschung, 9*(1), 104.

Christopher Gerdes ist Leiter der Strategieentwicklung & Strategy Intelligence Mercedes-Benz Cars der Mercedes Benz AG.

Chapter 4
From Strategic Planning to Strategic Dialogue in an Increasingly Dynamic World: The Siemens Case

Christoph Naumann, Christoph Gregori and Clara Keller

Abstract This paper discusses the evolution of the strategic planning process into a strategic dialogue to cope with rising uncertainty in an increasingly dynamic world in the case of Siemens as a multi-business corporation. It aims to drive the discussion over strategy work and to provide insights into principles and processes at Siemens. After a brief overview of the underlying dynamics influencing strategy processes, the Siemens portfolio and its development are described. The main part comprises an introduction to the levels of strategy as well as an explanation of the historic and current strategy process at Siemens. Siemens' strategy work has developed into a lean and adaptable process that centers around the strategic dialogue between the Managing Board and the businesses and functions to reflect dynamic times and changing business needs. The annual strategic dialogue consists of the Strategy Review and the Merger and Acquisition (M&A) Deal Book discussion. It has a strong focus on outside-in inputs to recognize megatrends, market trends, technological developments, and disruptions. The goal is to understand and discuss Siemens' fundamental strategic challenges and opportunities, related strategic goals and options for Siemens, to explicitly formulate a clear strategy that is developed continuously throughout the year, to link corporate, business, and functional strategy, to align management with the company's strategic directions, and to anchor Siemens' strategy in the organization at large.

C. Naumann (✉) · C. Gregori · C. Keller
Siemens AG, Strategy, Munich, Germany
E-Mail: christoph.naumann@siemens.com; christoph.gregori@siemens.com; clara.keller@siemens.com

© Der/die Autor(en), exklusiv lizenziert an Springer Fachmedien Wiesbaden GmbH, ein Teil von Springer Nature 2024
O. Kohlhaas, E. Strauss (Hrsg.), *Strategische Planung – Status quo und zukünftige Entwicklungen*, ZfbF-Sonderheft 77 / 23, https://doi.org/10.1007/978-3-658-43724-4_4

4.1 Dynamics Influencing Strategy Development

Dynamics and changing environments have always been an inherent part of markets—however, the speed of change is increasing, and the level of uncertainty is rising year by year, resulting in a VUCA world (volatile, uncertain, complex, and ambiguous) (Shaffer & Zalewski, 2011). Uncertainties can be presented using the World Uncertainty Index (WUI) (see Fig. 4.1) (Ahir et al., 2022). With the world becoming more dynamic and uncertain, the need to cope with and manage changes—not only to adapt as a society but also to drive innovation as a company—is greater than ever.

Unpredictable situations and events such as financial crises, the COVID crisis, or political upheaval, as well as technological innovations and new business models, shape the environments companies find themselves in. They can be opportunities for businesses, and at the same time disrupt whole sectors. Often, well-established companies are not able to manage the challenges arising from technological and market changes, as they miss opportunities to adapt and innovate (Christensen, 1997). Therefore, companies must stay open and flexible to easily manage potential disruptions, and in the best case even drive change. Otherwise, they have to exit markets, as happened to Siemens when it had missed opportunities in the Telecom business.

Strategy is more important than ever to adapt to changing markets (Stange, 2022). Strategic success depends on having a strategy concept that ensures consistency and strategic leadership that facilitates alignment. The strategy concept comprises the monitoring of environments, markets, customers, and resources. Strategic leadership includes giving orientation by providing direction and ensuring execution during strategy formulation and implementation (Hungenberg, 2014). Strategy and its definition are part of complex processes, in which management lays the foundation and sets the mission and direction (Pidun, 2019), which is especially challenging in dynamic and uncertain times. Thus, the strategy processes need to be more lean, flexible, and adaptable. Siemens as a multi-business firm needs to encompass corporate, business, and functional levels to ensure its strategy is consistent and aligned. Accordingly, portfolio management is of particular relevance for its corporate strategy.

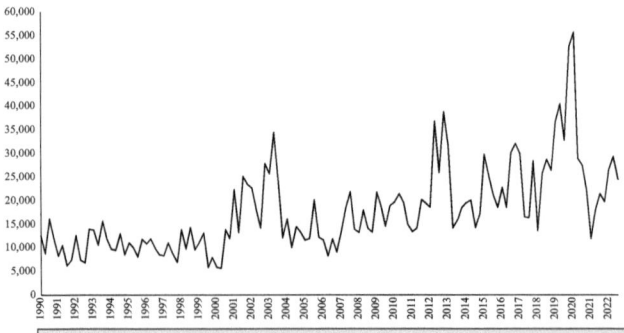

Note: Timeframe: 1990Q1 to 2022Q3. The World Uncertainty Index (WUI) is constructed for an unbalanced panel of 143 individual countries on a quarterly basis. It analyzes the frequency of the word "uncertainty" in each country's Economist Intelligence Unit reports. Index spikes occur around major events such as the Gulf War, the European debit crisis, the COVID pandemic and the war in Ukraine.

Fig. 4.1 World uncertainty index. Timeframe: 1990 Quartal (Q) 1 to 2022 Q3 (Ahir et al., 2022)

4.2 Development of the Siemens Portfolio

Since Siemens' foundation in 1847, changing environments have always been apparent, and the company has managed to adapt to changes in technology, economy, competitive landscape, and society—and often managed to pioneer in its markets. With technological capabilities advancing, the company continuously developed its business portfolio over time—bringing inventions to the market to meet customer needs. Siemens gained strength during the Second Industrial Revolution starting around 1870 and lasting until 1920/1930. It was especially active in shaping the eras of electrification and automation. Figure 4.2 shows an overview of Siemens' portfolio development. For 175 years, Siemens has turned ideas and inventions into innovative technologies, for example the pointer telegraph in 1847 to simplify communication, the dynamo machine in 1866 to drive electrification in society and the economy, the electric tram in 1881 to drive the electrification of urban mobility, and the X-ray system in 1896 to facilitate healthcare.

During the first decades of Siemens' history, the company added new fields of application in terms of electrification, decisions to exit businesses were required after the mid-twentieth century. Until around the 1960s, the motto applied: "Only electrical engineering, but all electrical engineering." With the rise of automated production and computerization, Siemens strategically entered new business fields. For example, it developed the SIMATIC, the first transistorized control system, in 1958. Years later, the company took this a step further with the development of Totally Integrated Automation (TIA) in 1996 and the TIA Portal in 2010. Since the 1960s, Siemens has engaged in more dynamic portfolio management, using the attractiveness of the respective markets and Siemens' capabilities as guides.

Since the beginning of the new century, Siemens has been working on digitalization by means of strategic acquisitions and its own innovations. The latest acquisitions of Siemens AG were mostly in the area of automation and digitalization.

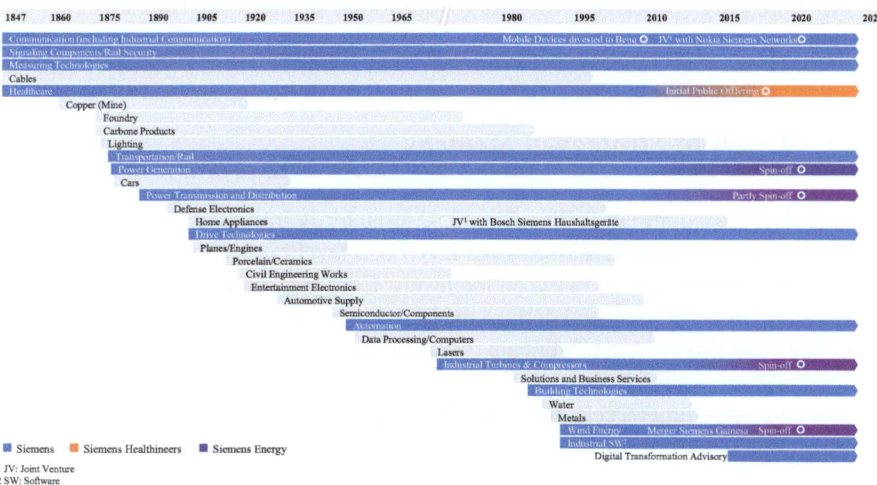

Fig. 4.2 Overview of development of Siemens Portfolio since its foundation in 1847

With the launch of the Siemens Xcelerator in 2022, together with its partners, Siemens now offers an open digital business platform that enables customers to accelerate their digital transformation easier, faster and at scale.

In recent years, Siemens has been streamlining its portfolio to increase its focus, ensure higher flexibility and facilitate stringent resource allocation. As a result of these streamlining activities, Siemens today is a technology company focused on industry, infrastructure, transportation, and healthcare (via Siemens Healthineers AG). In fiscal year 2023, the Siemens Group (including Siemens Healthineers) generated a total revenue of €77.8 billion and a net income of €8.5 billion. As of September 30, 2023, the company had around 320,000 employees worldwide.

Siemens AG consists of the three units Digital Industries, Smart Infrastructure and Mobility. They are organized in less than 20 business units in total. The portfolio ranges from electrical equipment to automated and digital offerings for more productive and resource-efficient factories, smarter buildings and grids, and cleaner and more comfortable transportation. By combining the real and digital worlds, Siemens empowers its customers to transform the industries that form the backbone of economies. In doing this, Siemens focuses on the following four strategic priorities:

- Customer impact: anticipating customers' needs and considering them at every stage
- Technology with purpose: focus on innovative technology
- Empowered people: driving progress through customers, partners, and employees
- Growth mindset: learning and openness to change

4.3 Strategy Processes at Siemens

In the following, processes related to corporate strategy at Siemens AG are explained.

4.3.1 Levels of Strategy at Siemens

In multi-business companies like Siemens, strategy is important at the corporate, business, and functional level (see Fig. 4.3). Each level has a different focus, while there are interdependencies between the levels. Corporate strategy primarily adopts an investors' point of view and defines the business areas where the company should participate and thus where to allocate its resources.

The corporate strategy also sets the strategic direction for the entire company and defines corresponding targets. Its main objective is to maximize the value of the enterprise. While corporate strategy defines "where to play," business strategy is

4 From Strategic Planning to Strategic Dialogue in an Increasingly Dynamic World: ...   63

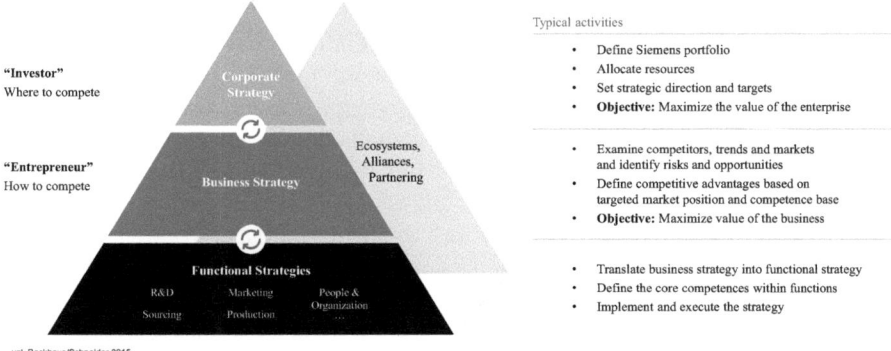

Fig. 4.3 Levels of strategy

mostly about "how to play". The business strategy identifies risks and opportunities and examines the behavior of the competitors. Based on the target market position and competence base, it defines its competitive advantage. The business strategy is targeted to maximize the value of the (strategic) business field. The functional strategies define the core competencies within functions and provide the capability to implement and execute the business strategy.

Driven by increasing complexity and accelerated change in markets, Siemens enhanced its strategic approach to address markets using partnerships and alliances to increase speed and flexibility. Engaging in and building up ecosystems allows Siemens to establish comprehensive offerings for its customers in a short period of time. Consequently, ecosystems, alliances, and partnerships are increasingly important to Siemens' strategy at all levels and enhance both organic and inorganic strategies.

4.3.2 Historic Strategy Process at Siemens

On a corporate level, portfolio development has been a central strategic topic for Siemens since decades. With the Boston Consulting Group (BCG) matrix in mind, Siemens portfolio management aimed at achieving a balanced portfolio of businesses in terms of growth, profitability, cash flow, and risk early-on. Thus, strategic planning had to analyze the portfolio along these dimensions and attribute a clear role to each part of the portfolio.

To lay a foundation for portfolio strategy development, a comprehensive analysis and a detailed strategic plan was developed for each of Siemens' strategic business fields. The strategic business fields were not necessarily interlinked with the organizational structure of the company but can be described as the smallest unit with a distinct, homogeneous, and independent strategy. In 2001, there were about 160 strategic business fields defined within Siemens, and each field had its own strategic business field plan. These plans included detailed information covering areas such as market, customers, competitors, external factors, technology, operational efficiency, financial planning by product group and region, and functional planning (including research and development (R&D), manufacturing, and Human Resources (HR)). To manage the abundance of data, an IT tool that allowed for data analysis and consolidation (Strategy and Goals Information System (SGI)) was implemented, which included quantitative as well as qualitative data.

The Managing Board discussed the strategies defined by the 13 global divisions along with their approximately 90 assigned business units (figures from 2005). The starting point for the discussion was a presentation. The story and content for each business were patterned after standardized templates that were centrally defined by corporate strategy for all businesses and included information on the unit's financial performance, business portfolio, strengths and weaknesses, market and competitors, trends, growth and regional strategies, innovation roadmap, M&A roadmap, and strategy operationalization. The business field plans and the SGI served as a basis, but the templates were filled manually. Apart from the mandatory templates, the businesses also had the option to present their strategic story within a limited number of freeform pages.

After the businesses had conducted strategic planning to define their strategic targets, they executed financial planning to derive the required budget to achieve these strategic targets. The budget had a time horizon of one fiscal year.

As the time during the annual strategic discussions was limited, it was difficult to have in-depth discussions of more complex strategic challenges of individual businesses, such as disruptions and potential implications. For this purpose, the Managing Board and a business of concern met for an in-depth review called a GDP (Geschäftspolitische Durchsprache)—translatable as "business policy discussion"— that could last several hours or even up to a day. For challenges with extensive business impact, multiple GDPs took place. Often the need to conduct a GDP arose from unresolved issues within the annual strategic discussion.

Overall, the strategic processes at this time were focused on the information presented in many standardized templates. This facilitated an efficient discussion but left little room for adaptability and flexibility. The amount of data requested from the businesses was substantial. The discussion was focused on the businesses themselves and less on topics that were important across all businesses, like digitalization or talent management.

4.3.3 Today's Approach: Flexible and Lean Strategic Dialogue to Cope with an Increasingly Dynamic Environment

4.3.3.1 Overview on Current Approach

To cope with the increasingly dynamic environment, Siemens' approach to strategy work has changed over time. Along with a new organizational setup of the company towards focused and agile businesses adaptions to the strategic planning process were necessary. To allow more flexibility and individuality of the new businesses, reduce complexity and make the process less laborious, it was decided to stop using strategic business field plans and SGIs.

Today, Siemens has implemented a strategic dialogue whose goal is to:

- understand and discuss the fundamental strategic challenges and opportunities, goals, and options for Siemens;
- explicitly formulate a clear strategy and establish a direction that is developed continuously throughout the year;
- link corporate, business, and functional strategies;
- align the management team with the company's strategic direction and anchor Siemens' strategy within the organization.

To achieve these goals, Siemens introduced a new planning cycle (see Fig. 4.4). To this end, the strategy process is:

- an annual process, accompanied by flexible Managing Board workshops on strategy throughout the year;
- set up to be a strategic dialogue;
- focused on main strategic challenges and opportunities with scenarios where needed;
- flexible to adapt to current needs;
- based on predefined market views for more mature businesses to ensure constant reflection of external developments;
- holistic in terms of including organic and inorganic strategies as well as partnering and alliances;
- less burdened with quantification, while still linked to annual budget planning;
- an interaction of different strategic levels.

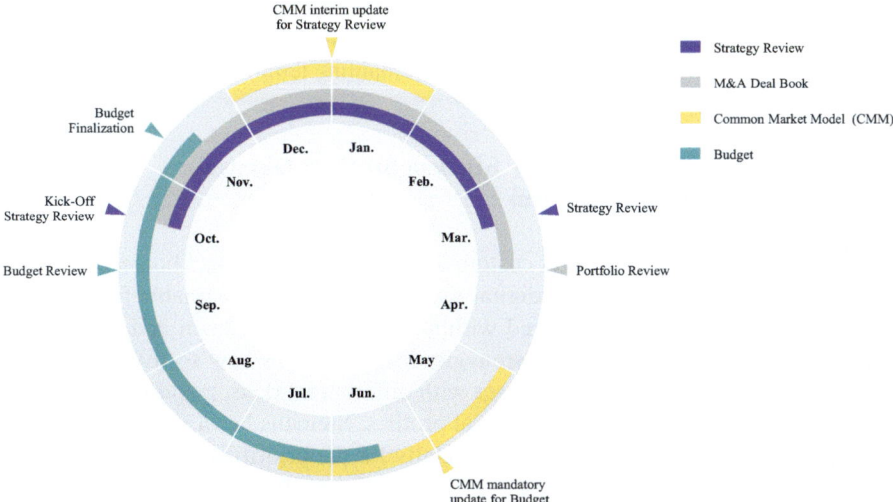

Fig. 4.4 Strategy development throughout the year at Siemens

The concept combines top-down and bottom-up inputs. It starts top-down with expectations regarding market developments as well as strategic directions and selected focus topics for both the company and the businesses, including a set of cross-business topics relevant to the entire corporation. Against this background, the businesses then prepare their strategies bottom-up, which are discussed by the Managing Board in the Strategy Review meetings. Corporate Finance subsequently prepares top-down guidelines for the budgeting process. Businesses present their business cases with their budgets for a three-years business plan plus two outlook years (with a reduced KPI set) bottom-up again. Finally, the strategy and budget are presented to the Supervisory Board.

The Strategy Review focuses on understanding and discussing the most urgent challenges and opportunities, strategic goals and options for Siemens and is less about providing detailed financial business plans for several years. Quantification is an important means to prove the financial viability of a strategy, but especially in dynamic times in which the accuracy of financial forecasts is lower, energy should not be mainly directed towards quantification.

Strategy is developed and executed continuously throughout the year—for example, when making portfolio decisions—and does not only take place in the annual Strategy Review. Accompanying Managing Board Workshops on strategic topics take place frequently (approximately five to ten times a year), depending on the company's specific needs. These workshops can focus on specific corporate strategy topics, business strategy topics, functional strategy topics, or a combination of these, and are prepared by the respective owners of the topic. However, the annual Strategy Review process provides the framework to discuss vital strategic challenges and opportunities from a holistic perspective, formulate the company's overall strategy, link the different levels of strategy, align the management team, and communicate strategy.

Today's process is less focused on standardized templates with large amounts of strategic data. Rather it is flexible, and topics—including cross-business topics—are added and deleted according to current needs. Quantification is mainly part of the budgeting process. A simple tool that can be quickly adapted to changes helps businesses to semi-automatically fill the few remaining templates (see Sect. 4.3.3.5).

4.3.3.2 Strategic Imperatives for Efficient Strategy Discussions in a Multi-Business Firm

Siemens' goal is to empower its customers to transform the backbones of economies by combining the real and digital worlds for a more sustainable future. This aim is communicated and anchored within the management team and throughout the company. To enable efficient strategic discussions on how to reach this goal across the different Siemens businesses with different markets, technologies, maturity levels, business models and financial profiles, Siemens has a set of established strategic imperatives. They are used especially for the prioritization of capital allocation and are based on the concept of analytical lenses (Pidun, 2019). The strategic imperatives incorporate different strategic lenses:

- *Market and own business quality lens: Growth and profitability*
  Here, the size, growth, and profitability of the addressed markets, of Siemens and its businesses, are analyzed as a simple proxy for market and business attractiveness. A relevant driver for the growth and profitability of Siemens' businesses—especially in more mature markets—is market share. Therefore, a dialogue regarding the market positions and market shares of both Siemens and its competitors, as well as the degree of market consolidation, is important for some of Siemens businesses' strategic discussions.
- *Ownership lens: "Why Siemens" and synergies*
  The question of whether Siemens is the best owner for its businesses is one of the main discussions in portfolio strategy. The vertical aspect is called "Why Siemens?". It encompasses the question of what benefits a specific business derives from having Siemens as a "parent" (for example, the Siemens brand). The more horizontal aspect of synergies involves the benefits a specific business derives from being in the same company together with other businesses (for example, cost and sales synergies).
- *Trends and disruption lens: Paradigm shifts and sustainability impact*
  Siemens is keen to identify and address markets in which it can benefit from the tailwind of paradigm shifts—and can drive them. Especially the megatrends of digitalization, environmental change, and resource efficiency as well as demographic change are important for Siemens' strategy. Specifically, being a sustainable enterprise and helping customers with their sustainability transformation is an important cornerstone of Siemens' strategy. To assess the sustainability impact of its businesses, a respective categorization is applied.

Other dimensions are analyzed on an unregular basis—for example:

- *Risk lens: Relation of risk to return*
  The historic volatility of quarterly profit and cash margins are evaluated in relation to expected profitability, and the correlations between businesses are analyzed.
- *Value creation lens: Analyses of value creation per business*
  Value creation from the various business portfolio elements is evaluated by calculating for example economic value added or total shareholder return.

4.3.3.3 Monitoring Megatrends that Form the Constants in Strategy Development

To be able to adapt the strategy to changing developments at any time, Siemens closely monitors macroeconomics and competitors as well as technical and political dynamics.

Short-term developments are followed on a regular basis to enable the company to react quickly (see also Sect. 4.3.3.4 for further insights into the market view).

Nevertheless, Siemens also carefully keeps an eye on long-term developments and trends and has identified the following five megatrends as relevant for society, for Siemens' customers and for Siemens' businesses: environmental change and resource efficiency, demographic change, digitalization, glocalization, and urbanization. These megatrends help to shape long-term strategic directions, even in uncertain times. Therefore, they are analyzed and assessed in terms of opportunities and risks to ensure that Siemens and its portfolio are sustainable and future-ready. Furthermore, the megatrends are used as one input for the Common Market Model described in the next chapter.

4.3.3.4 Market View Ensuring Continuous Reflection of Dynamic Environments

The assessment of Siemens' markets is one of the most important input factors for Siemens' strategy. Therefore, a dedicated company-wide economic and market platform has been implemented. Its aim is to ensure transparency, harmonization, and consistency in Siemens' assessment of the markets. It provides:

- company-wide consistency and full transparency regarding assumptions and methodology;
- single source of market figures within Siemens, based on external sources for planning, strategic projects, and identification of attractive future markets;
- growth aspirations for the businesses for the coming 5 years, used in strategy development and financial planning;
- assessment of economic impact on Siemens' businesses from business cycles as well as megatrends and further structural trends (for example, e-mobility);
- market trend analysis and competitive landscape as strategic foundations for Managing Board workshops, adjacent growth opportunities, and M&A decisions;
- strategic market segmentation for structural company development.

The framework for discussing market intelligence at Siemens is the Siemens Common Market Model (see Fig. 4.5), which combines top-down elements from

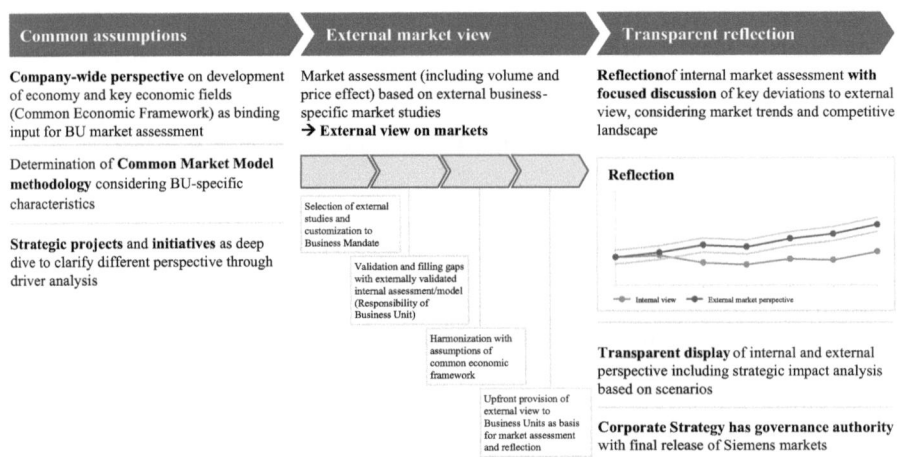

Fig. 4.5 Common Market Model for transparent reflection with focus on strategic impact

the corporate market intelligence unit with bottom-up, in depth market knowledge from the businesses. The Common Market Model process, which takes place twice a year, is divided into the following steps:

1. Establishment of a "Common Economic Framework" for the development of economic sectors relevant to Siemens—for example, automotive industry, machinery, and utilities—as well as key economic fields, such as electrical infrastructure, transportation, and manufacturing. The result is a binding input for the assessment of the business unit markets.
2. In the next step, an external market view is developed by selecting external market studies, combining them with internal models and assessments where there are gaps (that is to say, Siemens markets not covered by the reports), and finally harmonizing the input with the assumptions in the Common Economic Framework.
3. The last step is the comparison of the business units' market assessments with the external market view, focusing on key deviations ("Reflections"). This takes place in discussions between the corporate market intelligence department and the business units that provide in-depth market insights—for example, regional specifics, sales know-how and trends. In addition, the strategic impact of different scenarios is assessed.

The parties involved agree on and approve a final view regarding market sizes and growth rates, and the corporate market intelligence department as the governance owner finally releases it.

The chosen approach, which uses high-level indicators for macroeconomic developments and key economic fields, external market studies, and a detailed comparison of both against internal in-depth knowledge, ensures that dynamics at various levels—from those of large-scale macroeconomic magnitude to smaller trends—are all considered. Additionally, it helps break down uncertain future developments into sub-questions to derive substantive forecasts. The competencies of the market intelligence team are reflected in this approach, it is composed of economists and industry experts.

The Common Market Model was introduced in 2015. The flexibility of the approach was demonstrated, for example, at the beginning of the COVID pandemic in 2020. External market studies had not yet considered the pandemic, but indicators for key economic fields and macroeconomic developments were available for different scenarios depending on the presumed shape of the economic recovery. These scenarios were reflected in the company's market planning. The actual target-setting and resulting financial planning were conducted under the premise of a U-shaped recovery, and contingency plans were prepared in case one of the other scenarios materialized.

One example that demonstrates the importance of this model for Siemens' strategy development was the spin-off of Siemens Energy. While the company was still busy fulfilling fossil energy projects, early indicators revealed the coming shift toward renewable energy. This development was discussed within the company and contributed to the initiation of the spin-off considerations.

4.3.3.5 Strategy Review to Understand and Discuss the Most Important Strategic Challenges and Opportunities

The Strategy Review as it is performed today is mainly geared toward understanding and discussing the businesses' most important strategic issues. The Managing Board takes three to four days annually to conduct an intensive strategic dialogue. Apart from deciding on strategies, the intention is also to prepare the Managing Board and business levels for strategic decisions to come, as strategy development is not limited to these few days but is performed continuously year-round.

The corporate strategy team guides the discussions by defining, from a corporate point of view, the most important and urgent individual strategic challenges the businesses and their business units are facing. In addition to the strategy presentation in which these challenges are addressed, mandatory templates are also used in the discussion. The mandatory templates have been pared down from over 70 pages to less than ten—partly to make the task easier, but mostly to allow more space for the strategic report and pertinent discussion. The remaining templates cover markets and competitors (see Fig. 4.6) as well as financials to enable quick orientation and inter-year comparability. Continuity of content and its presentation facilitate an efficient discussion.

To support an efficient discussion of the strategic imperatives, a limited set of standard analyses is used. The goal of the standardization is to enable both fast recognition of the respective analyses and comparability. The majority of these analyses are in use for many years. For unbiased discussions, analyses are closely related to the fundamental key performance indicators (KPIs) and easy to understand. More complex analyses with aggregated KPIs need more explanation, for instance regard-

Fig. 4.6 Market and competitors

4 From Strategic Planning to Strategic Dialogue in an Increasingly Dynamic World: ...

1) Earnings Potential: Average of the two best players' profitability over two years.
2) CR3: Sum of market share of the three largest players in the market;
3) Relative market share: Siemens market share divided by share of the market leader or respective to the share of the next largest player, if Siemens is #1.

Fig. 4.7 Portfolio analyses

ing the weighting of factors, and different approaches to weighting might be used to produce biased results. Figures 4.6 and 4.7 are examples of standard analyses focusing on the strategic imperatives of the market and the 'own business quality' lens.

Topics of high relevance across all businesses, such as digitalization, sustainability, people and organization, and the impact of geopolitical topics, are pooled in separate cross-business slots and discussed jointly to find a common approach. Such cross topics are proposed by the corporate strategy team and agreed to by the Managing Board.

To support the businesses in collecting the required data for the templates, a simple and flexible strategic planning tool is used. It ensures a structured approach, but also provides flexibility in terms of enabling the businesses to distribute tasks. This way, each topic and template can be planned, and the required data can be entered independently and separately. It is also possible to import data from other systems, e.g., market data from the market planning tool. Direct links to other databases can be incorporated as well. Additionally, reports by topic can be generated and later imported again after they have been modified by different departments, for example. Aside from this horizontal aggregation of data on the same organizational level, it is also possible to aggregate data vertically, i. e. bottom-up from subordinate levels to the next level up. Eventually, all data is gathered in a database on the corporate level to allow for analysis on the corporate level.

In addition to data aggregation and consolidation, the tool enables the graphs for the Strategy Review presentation to be filled without further manual input. This way, one single tool can be used both for gathering the required information and the creation of the presentation slides based on the templates.

After the Strategy Review discussions, the head of Corporate Strategy compiles the main messages and results and prepares the strategy update for the Supervisory Board.

4.3.3.6 Financial Planning to Translate Strategy into Financial Targets

To create a holistic plan, the process of planning requires both strategic and financial aspects to be considered together. The financial planning process ensures the development and implementation of company-wide initiatives and priorities under consideration of the macroeconomic and geopolitical environment. One of the key objectives of the planning process is an effective resource allocation to foster profitable growth. Furthermore, the goal of financial planning is to achieve an alignment within the company on the financial planning of businesses, regions, and corporate units.

Financial planning at Siemens provides:

- target-setting;
- a financial framework as basis for external guidance;
- commitment of the businesses;
- necessary alignment with the regional and vertical business units and segments;
- discussion and approval of the financial plan from the Managing Board and the Supervisory Board as a regulatory requirement;
- foundation for incentives.

The financial plan is first derived from the strategic objectives established in the Strategy Review, and the results from the Strategy Review provide the basis for financial planning. This ensures that the two processes are interlocked, and quantitative financial forecasts and budgets are prepared to support the company's strategy.

The financial planning incorporates top-down and bottom-up elements. Aside from the strategic objectives, another top-down input is the Siemens Financial Framework, which provides financial targets for Siemens (for example, Return on capital employed (ROCE), cash conversion rate and revenue growth) as well as targets for the businesses (for example, profit margin ranges). The top-down growth targets for the Businesses and the business units are derived from the Common Market Model. Based on the five-year market growth prediction, a 'growth aspiration' range for the financial top line of each Business and its business units is determined (see Sect. 4.3.3.4).

Siemens' financial planning can be divided into three different time horizons (in total 5 years):

- the "budget year", as the year after the current year;
- the 3-years business plan (including the budget year);
- the 2 years following the business plan, as the "outlook years".

The time horizons mainly differ in their level of detail, which decreases as they move into the future. For example, regional alignment is done only for the budget year.

Aside from budget planning, financial reviews take place on a quarterly basis, or even monthly if the situation requires it.

4.3.3.7 M&A Deal Book to Include Inorganic Strategy

Especially in dynamic times, multi-business companies need to discuss their strategy holistically, encompassing both organic and inorganic strategies. Additionally, especially due to digitalization, partnering opportunities need to be discussed—extending the question of 'make or buy' to 'make, partner or buy.' Therefore, an "M&A Deal Book" update—an overview of relevant action fields related to business and corporate strategy, targets and partners for Siemens and its businesses—is conducted in parallel to the Strategy Review discussion.

The goal of the M&A Deal Book is to provide inorganic strategic directions for Siemens' business portfolio and present a prioritized set of attractive action fields and related M&A targets for capital allocation purposes. This discussion is especially fruitful as business leaders can discuss growth strategies without being tied to their own business mandate.

The annual M&A Deal Book process provides guidance within the landscape of opportunities; however, M&A decisions are made throughout the year. The strategic rationale for specific M&A projects needs to refer to the overall strategic direction for inorganic growth strategies as discussed in the M&A Deal Book (see Fig. 4.8).

The M&A Deal Book is

- action field driven—first discuss attractive markets, then potential M&A targets
- based on the bottom-up process, then aggregated on the next level and potentially enhanced by corporate action fields
- focused on assessing and prioritizing inorganic options according to the six strategic imperatives (see Sect. 4.3.3.2)

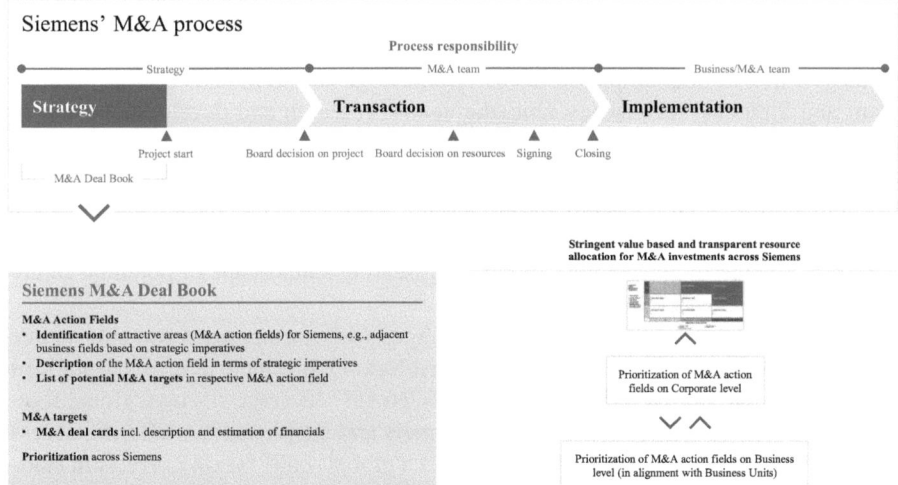

Fig. 4.8 Siemens M&A Deal Book process

M&A action fields shall support the business and corporate strategy. They are ideally described within the ecosystem of the respective business. The action field market is analyzed within the framework of the Common Market Model (see Sect. 4.3.3.4) and assessed according to the strategic imperatives. The different options in connection with Siemens' intent to grow in attractive action fields in terms of acquisitions, organic developments, and partnering are described. Partnering strategies are developed in the businesses, however, the approach to major partners with relevance across businesses is dealt with on the corporate level.

Potential M&A targets are identified for the selected M&A action fields. For each potential target, a deal card is prepared that includes the deal rationale. If possible, a simple business plan is calculated, and the potential M&A target is assessed along the strategic imperatives.

The M&A Deal Book is of special importance for further building up Siemens' digital business. With the acquisition of UGS in 2007, Siemens laid the foundation of its industrial software offering. In the following 15 years, the company invested more than ten billion EUR to grow this nucleus by bolt-on acquisitions. The acquisitions of CD-adapco, LMS International, and Mentor Graphics, to name a few, were prepared in the M&A Deal Book discussions. Today, Siemens has a leading position in industrial software.

4.3.3.8 Foresight and Working with Startups to Broaden the Horizon

As a technology company, current and future technological developments are vital for Siemens and its strategy. The most important topics with relevance across the Siemens businesses are organized in "Company Core Technologies". Examples of these topics include data analytics & artificial intelligence, cyber security & trust, user experience, and simulation & digital twins.

Technological aspects and respective R&D allocation plans are included in the Strategy Review. In addition, an intensive exchange between the corporate strategy team and Siemens' technology unit (the central research and development unit of Siemens) accompanies the strategic dialogue. A strategic foresight discussion takes place twice a year. Here, technology and innovation topics are discussed and the implications for Siemens' strategy are derived.

Based on insights both from the numerous experts within the Siemens network and from outside-in perspectives like trend research, a landscape of potential future opportunity spaces is jointly created.

To cope with increasing dynamics, exchanges with startups are a valuable source of input for Siemens. Siemens has established Next47, a vehicle to invest in startups to bridge the gap between ideas and business. Next47 leverages its own global footprint and Siemens' relationships with customers and suppliers, thus offering access to customers and opportunities for growth on a global scale. Next47 invests in startups and makes connections between startups and Siemens businesses, while not fully integrating them and overloading them with corporate structures.

4.4 Main Lessons Learned

To respond to a more dynamic world, sometimes called a VUCA world (volatile, uncertain, complex, and ambiguous), companies can take a VUCA approach—this time meaning vision, understanding, clarity, and adaptability (Johansen, 2007, p. 315 f.). Siemens' approach to its strategic dialogue works to reflect this aim.

The success of the strategy process is highly dependent on top management buy-in. The Managing Board must make sure that the strategic dialogue is a real dialogue with the managers of the businesses, that opportunities and challenges are openly discussed, and that discussions are conducted in an atmosphere of mutual respect. Before the discussions in the Managing Board meetings, throughout the whole process, many discussions and decisions already took place on various levels of the organization—here, openness and a good spirit of co-operation are required for speed and flexibility, too. To achieve this spirit of co-operation, it is relevant that the requests made by the corporate strategy team to the businesses do not exceed the requirements that the businesses have themselves to develop their strategies (Sieglin, 2010, p. 140).

After each year's strategic dialogue, a thorough feedback process is conducted to avoid that inertia is affecting the strategy process. Feedback is collected about the process, timeline, topics, participants, and contributors. As a result, extensive strategic planning has been replaced by a flexible and lean strategic dialogue. The goal is to jointly understand and discuss the fundamental strategic challenges and opportunities, explicitly formulate a clear strategy, link corporate, business and functional strategies, align the management team, and anchor the strategy in the organization. The high level of standardization and vast data collection requirements of the past have been abolished in favour of speed and adaptability. However, some elements have been maintained across the years, such as standard analyses and strategic imperatives—as well as the fundamental goal to empower our customers to transform the backbone of economies by combining the real and digital worlds for a more sustainable future.

References

Ahir, H., Bloom, N., & Furceri, D. (2022). *The world uncertainty index* (Bd. No. w29763). National Bureau of Economic Research.
Cambridge University Press. (n.d.). The internet of things. In *Cambridge dictionary*. Available from: https://dictionary.cambridge.org/dictionary/english/internet-of-things. Accessed 12.05.2023.
Christensen, C. (1997). *The innovator's dilemma*. Harvard Business School Press.
Hungenberg, H. (2014). *Strategisches management in Unternehmen*. Springer Gabler Wiesbaden.
Johansen, B. (2007). *Get there early: Sensing the future to compete in the present*. Berrett-Koehler Publishers.
Pidun, U. (2019). *Corporate strategy: Theory and practice*. Springer Gabler Wiesbaden.
Shaffer, L. S., & Zalewski, J. M. (2011). Career advising in a VUCA environment. *NACADA Journal, 31*(1), 64–74.

Sieglin, M. (2010). Strategische Planung im globalen mehrdivisionalen Großkonzern Siemens. In A. Zimmermann (Hrsg.), *Praxisorientierte Unternehmensplanung mit harten und weichen Daten* (S. 133–141). Springer.

Stange, S. (2022). Strategy Nugget: NOW is the time for strategy! Is it?. *LinkedIn* [online] 24 November. Available from: https://www.linkedin.com/pulse/strategy-nugget-now-time-dr-sebastian-stange?trk=public_profile_article_view. Accessed 30.11.2022.

Christoph Naumann began his professional career at Siemens Management Consulting after studying industrial engineering at the Technical University of Darmstadt. He then gained an MBA at INSEAD in Fontainebleau. After several years as a consultant and project manager at the Boston Consulting Group, he returned to Siemens. He has been leading the strategic dialogue and portfolio development team in Siemens Strategy for more than 10 years.

Dr. Christoph Gregori worked for several years as a consultant in an international management consultancy after studying business administration at LMU Munich. During this time, he completed his doctorate at the Chair of Planning and Organisation at the University of Kassel. He then has been working for the Siemens Group in various strategic departments, the last 12 years in the area of strategic dialogue and portfolio development in Siemens Strategy.

Clara Keller studied psychology at the LMU Munich and the University of Hamburg, specialising in industrial and organisational psychology. After joining Siemens as a trainee, she has been working in the team for strategic dialogue and portfolio development in Siemens Strategy.

Kapitel 5
Integrierte Unternehmensplanung – von der Strategie zur operativen Umsetzung

Oliver Kohlhaas und Oliver Rittgen

Zusammenfassung Diese Arbeit zielt darauf ab, die Auswirkungen der Integrierten Unternehmensplanung (IUP) auf organisatorische Veränderungen, operative Effizienz und Unternehmensperformance zu untersuchen, wobei die Bayer Consumer Health Division (BCH) als Fallbeispiel dient. Es wird postuliert, dass die IUP sowohl zu verbesserter interner Transparenz und strategischer Entscheidungsfindung als auch zu neuen Herausforderungen bei der Implementierung neuer Systeme führen kann. Um diese Hypothesen zu prüfen, wurde eine detaillierte Analyse der BCH und ihrer Performance vor und nach der Implementierung der IUP durchgeführt. Ergänzend wurden relevante wissenschaftliche Literatur und Fallstudien zurate gezogen. Die Resultate dieser Untersuchung deuten darauf hin, dass die Implementierung der IUP signifikante Verbesserungen in der operativen Effizienz, strategischen Ausrichtung und Wettbewerbsfähigkeit der BCH bewirkt hat. Des Weiteren wurden potenzielle Forschungsbereiche aufgedeckt, wie die intelligente Nutzung von Daten und die Definition der IUP im Vergleich zu anderen Planungsprozessen. Die Arbeit unterstreicht die Relevanz der IUP für die Verbesserung der Unternehmensleistung und empfiehlt weitere Untersuchungen zur Ermittlung der besten Implementierungs- und Optimierungsstrategien für die IUP.

5.1 Unternehmensplanung im Spannungsfeld von Beschleunigung und Komplexität

„By failing to prepare you are preparing your failure."

Dieses Zitat, welches dem amerikanischen Wissenschaftler und Politiker Benjamin Franklin zugeordnet wird, ist in der heutigen Wirtschaftswelt aktueller denn je. Durch die zunehmende Komplexität, z. B. durch globale Lieferketten und

---

O. Kohlhaas (✉) · O. Rittgen
Bayer AG, Leverkusen, Deutschland
E-Mail: oliver.kohlhaas@bayer.com; oliver.rittgen@bayer.com

Kundenstrukturen oder durch erhöhte technologische und regulatorische Anforderungen, ist eine umfassende, langfristig ausgelegte Planung notwendig, möchten Unternehmen weiterhin wirtschaftlich arbeiten und mit kurzfristigen Einflüssen umgehen, ohne ihre langfristigen Ziele aus den Augen zu verlieren. Die Herausforderungen sich beschleunigender Veränderungen in Technologie, Märkten und in Fragen politischer Dynamiken stellt nicht das Erfordernis der Planung an sich in Frage, sondern definiert neue Anforderungen im Hinblick auf die Geschwindigkeit, Effizienz und die Integration neuer Dimensionen und höherer Niveaus von Unsicherheit. Insbesondere im kurzfristigen Betrachtungszeitraum sinkt die Prognosegenauigkeit, sodass die Frequenz der Planung in manchen Fällen erhöht werden sollte, etwa für besonders relevante oder volatile Faktoren. Alternativ wird auch mit Bandbreiten operiert, wobei entstehende Unsicherheiten dann durch Verfahren wie die Monte-Carlo-Simulation bemessen werden.

Mit zunehmender Größe und Diversifizierung erreichen Unternehmen schnell eine hohe Komplexität mit verschiedenen Divisionen, Abteilungen oder geografischen Regionen, die einen Einfluss auf das Endprodukt oder den Service haben. Es benötigt daher einen Planungsprozess, der nicht nur einzelne Bereiche des Unternehmens betrachtet, sondern verschiedenste Steuerungselemente bzw. -instrumente integriert und somit zum Erfolg beiträgt. Mit einer solchen übergreifenden Planung lässt sich eine realistische, holistische Übersicht des Unternehmens generieren, die maßgeblich für Unternehmensziele wie Gewinnmaximierung, Cash-Flow-Maximierung oder auch Risikominimierung ist. Eine so aufgebaute Planung ist der Kern *Integrierter Unternehmensplanung*, ein Ansatz, der den allgemeinen Planungsnutzen für Unternehmen erhöhen kann.

Auf der Ebene der strategischen Unternehmensführung ist die Planung immer auch verbunden mit der Definition eines Zielbildes im Hinblick auf Markt-, Wettbewerbs- und technologische und organisatorische Fähigkeitsdimensionen und der Beschreibung eines Pfads zur Erreichung dieses Zielzustandes. In der Portfoliostrategie und finanziellen Langfristplanung wird diese Pfadbeschreibung häufig über Kapitalallokation und Rahmensetzungen für operative Budgetierung übersetzt. In einer erweiterten Sicht auf Ressourcenplanung werden daneben zunehmend Aspekte wie Schlüsselinitiativen zur unternehmerischen Transformation, die Definition und Quantifizierung von erforderlichen Kompetenzen und Humankapital oder externe Unternehmenspartnerschaften relevant. Unter steigenden planerischen Unsicherheiten und angesichts der Herausforderungen der Nachhaltigkeit werden zunehmend auch die Betrachtung von Risiko- und Nachhaltigkeitselementen in der Planung diskutiert.

Konzeptionell liegt es nahe, dass eine Konsistenz unterschiedlicher Planungselemente zur Ermöglichung des Gesamterfolges durch Reduktion von innerorganisatorischen Konflikten in einer sich gegenseitig positiv verstärkenden Maßnahmen- und Ressourcenplanung hilfreich ist. Die Integration von Planungsprozessen ist eine Möglichkeit, Handlungskonsistenz verschiedener Leistungsbereiche im Unternehmen zu erreichen. Allerdings erhöht eine Integration verschiedenster Prozesse und Steuerungselemente auch die Komplexität der Planung. So kann zum Beispiel ein komplexer Prozess den Zeitraum der Planung verlängern oder die Agilität verringern, wenn der Prozess auf eine große Anzahl von Input-Elementen angewiesen ist. Unternehmen erfahren immer schnellere, teilweise unvorhersehbare Veränderungen. Verzögerungen können schnell hohe Kosten oder Wettbewerbsnachteile für Unternehmen verursachen. Es benötigt somit eine entsprechende Balance bzw. eine sinnvolle Integration von Elementen in die Unternehmensplanung, die eben nicht alle, aber alle relevanten Prozesse und Instrumente einbezieht. Wie diese Balance ausgeprägt wird, ist ein Ergebnis der unternehmens- und industriespezifischen aktuellen Herausforderungen und kann und sollte sich über die Entwicklung des Unternehmens hinweg dynamisch verändern.

Vor diesem Hintergrund ist es das Ziel des vorliegenden Artikels, anhand eines Fallbeispiels aus der Bayer AG die positive Wirkung Integrierter Planung mit einigen beispielhaften Elementen aufzuzeigen und darauf aufbauend eine Definition und Einordnung verschiedener Integrationsschemata bei unternehmens- und industriespezifischen aktuellen Herausforderungen vorzunehmen. Im Fallbeispiel wird der Fokus auf die Division Consumer Health der Bayer AG gelegt, da hier eine strategische Neuausrichtung und grundlegende Transformation durch die Nutzung der Integrierten Unternehmensplanung in den letzten Jahren ertüchtigt wurde. An diesem Beispiel lässt sich anschaulich darstellen, wie sich Theorie und Praxis verbinden lassen.

5.2 Integrationselemente der Unternehmensplanung bei der Bayer AG

Es gibt eine Vielzahl von möglichen Elementen, die Teil der Integrierten Unternehmensplanung sein können. Die in Abb. 5.1 dargestellten Elemente werden bei der Bayer AG betrachtet, jedoch können Planungselemente von Unternehmen zu Unternehmen variieren. Im Fallbeispiel des Artikels werden einige dieser Planungselemente der Bayer AG vertieft behandelt (grau hinterlegt), weil ihre Integration für den Erfolg der Division Consumer Health relevant ist. Die strategischen Grundfragen jedes Unternehmens, „Where to Play" und „How to Win", finden sich in den verschiedenen Planungselementen wieder.

Wie bereits in Abschn. 5.1 angedeutet, kann sich durch die Integration von verschiedenen Elementen in den Planungsprozess die Komplexität erhöhen. Dadurch wiederum können Nachteile im Prozess entstehen, zum Beispiel die folgenden:

- **Personalaufwand**: Durch die vielen Elemente, die in die Planung integriert werden können, entsteht oftmals eine große Menge an Daten. Zur regelmäßigen Erstellung und Sammlung dieser ist eine Vielzahl von Arbeitskräften involviert, welches mit einem entsprechenden Aufwand einhergeht. Ebenso sorgt die Personaleinbindung in den Prozess für Mehrkosten im Unternehmen, da durch die gebundenen Kapazitäten keine anderen Aufgaben erledigen können.
- **Abstimmungsaufwand**: Zusätzlich müssen die gesammelten Daten in einen relevanten Kontext gesetzt, verstanden und verarbeitet werden. Neben der

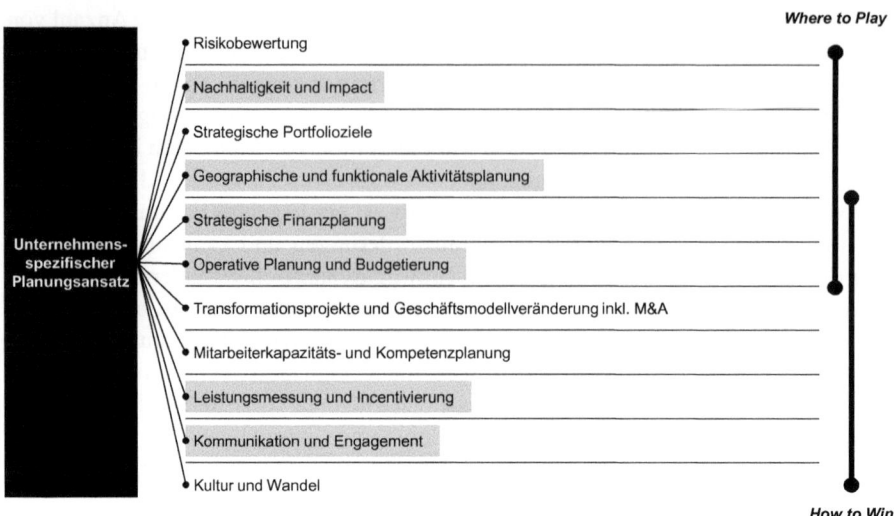

Abb. 5.1 Integrationselemente in der Unternehmensplanung und Fokus des Artikels (grau hinterlegt)

Schaffung datentechnischer Konsistenz zwischen unterschiedlichen Systemen entsteht eine Notwendigkeit zur Abstimmung, um zum Beispiel Rückfragen zu stellen oder Ressourcenkonflikte oder -engpässe aufzulösen, die durch die Integration verschiedener Planungselemente offenbar werden. Unklare Spielregeln zur Konfliktlösung können unnötige Eskalation treiben.

- **Zeitverlust**: Der Aufwand und die notwendigen Abstimmungen können zu einem Zeitverlust führen und die kurzfristige Planungsflexibilität einschränken.

Fraglich ist in diesem Zusammenhang, inwieweit eine gelungene Digitalisierung im Unternehmen und Planungsprozess die Komplexität reduzieren sowie Nachteile vermeiden können. Die digitale Sammlung und Auswertung von Informationen können ebenso wie die Verknüpfung unterschiedlicher Planungsdimensionen als wesentliche Hebel betrachtet werden, den Aufwand zu reduzieren. Gleichzeitig gilt es zu berücksichtigen, dass eine höhere Detailtiefe in einer festen Planungsdimension durch mehr Informationen nicht mit einer höheren Planungsgenauigkeit gleichzusetzen ist. Dieses Missverständnis kann zu steigendem Aufwand ohne erhöhten Planungsnutzen führen. Generell gilt, dass die Planung einen Rahmen zur Ermöglichung der Zielerreichung durch die Handelnden vorgibt und keinen Anspruch auf Selbstvergewisserung zur Zielerreichung durch Detailgenauigkeit für die Planenden hat. Dieser Rahmen umfasst orientierende Größen sowohl in Ressourcen (input) als auch Ergebnis (output), klassisch primär finanzielle Parameter wie investive Mittel und Kostenbudgets sowie zu erreichende Umsatz- und Ertragsgrößen. Wie eingangs erläutert, werden auf beiden Seiten zunehmend auch nicht-finanzielle Ressourcen und Ergebnisgrößen in die Rahmensetzung einbezogen.

In der Abwägung von Integrationsnutzen und Komplexitätsrisiken der Integration von Unternehmensplanungsprozessen entlang verschiedener Integrationsdimensionen stellt sich die Frage, in welchem Kontext welche Balance angemessen und wirksam erscheint. Dieser Kontext muss in Hinblick auf die operativen und strategischen Ziele, die Organisation und Führungskultur sowie das Markt- und Wettbewerbsumfeld diskutiert werden.

Anhand des im Folgenden näher beschriebenen Fallbeispiels soll die Integrierte Unternehmensplanung inklusive ihrer verschiedenen Elemente greifbarer werden. Der Kontext des Fallbeispiels ist der operative Turnaround der Bayer Division Consumer Health sowie zu Teilen die strategische Neuausrichtung des globalen Geschäftes nach Führungswechsel in einem stabil wachsenden Markt mit hohem Innovationsdruck und geringer Konsolidierung.

5.3 Fallbeispiel Bayer Consumer Health

5.3.1 *Operative Umsetzung einer fokussierten Strategie*

Die *Bayer AG* ist in drei Divisionen aufgeteilt, von der eine *Bayer Consumer Health* ist. Bayer Consumer Health (BCH) beschäftigt etwa 10.000 Personen (10 % der Belegschaft der Bayer AG). Die Division fokussiert sich auf die Entwicklung neuer verschreibungsfreier („Over the counter"; OTC) Produkte und Lösungen, die die Gesundheit und das Wohlbefinden der Konsumierenden verbessern. Im Jahr 2021 lag der Umsatz bei über 5 Mrd. €, wobei 16 sog. „Powerbrands" ungefähr 75 % des Umsatzes generiert haben. Bayer Consumer Health arbeitet global und hat ein Netzwerk von zwölf Produktionsstätten sowie eine Vielzahl von Auftragsfertigungspartnern in verschiedenen Regionen.

Grundsätzlich ist der Consumer Health Markt attraktiv mit langfristigen Wachstumserwartungen, insbesondere im Vergleich zu anderen Sektoren im Konsumgüter-Bereich. Die Industrie ist fragmentiert und die sechs größten Unternehmen kommen zusammen lediglich auf einen Marktanteil von ca. 20 %.

Im Jahr 2018 stand die Bayer Consumer Health Division unter steigendem Wettbewerbsdruck, da zum einen große Konsumgüterunternehmen in den Markt eintraten und zum anderen kleine, innovative Akteure Marktanteile ausbauten. Darüber hinaus entwickelten sich die Vertriebskanäle rasch weiter. Dazu gehörten eine starke Konsolidierung des Apothekenkanals und der Aufstieg des E-Commerce – nur eine der zahlreichen digitalen Entwicklungen, die das Geschäft beeinflussten. Schließlich änderten sich auch die Bedürfnisse und Verhaltensweisen der Kundschaft: Eine bessere Gesundheit im Alltag und die Nachfrage nach personalisierten und natürlichen Produkten waren neue Trends.

Zugleich war die operative Geschäftsentwicklung der Division eine zunehmende Herausforderung: Einerseits verlor der Geschäftsbereich aufgrund sinkender Einnahmen Marktanteile. Anderseits ging die Rentabilität (gem. als EBITDA Marge)

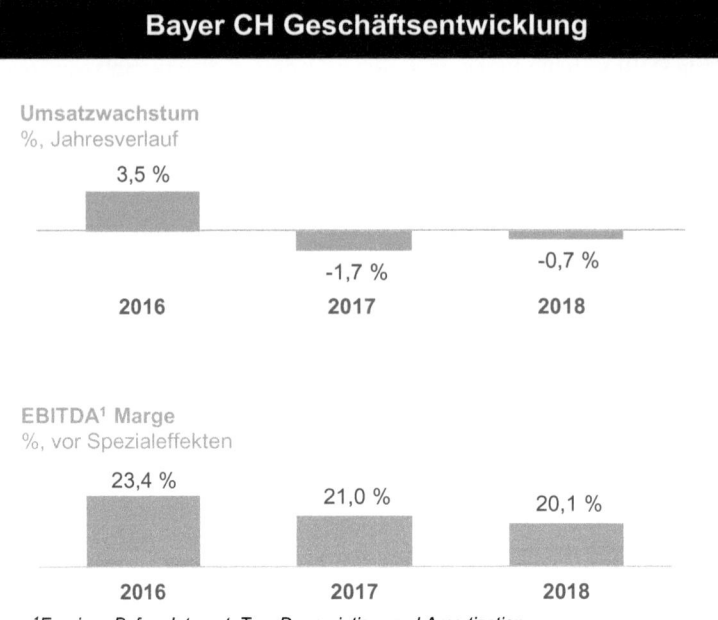

Abb. 5.2 Bayer Consumer Health Umsatzwachstum und Rentabilität (2016–2018)

in nur zwei Jahren um mehr als 3 %-Punkte zurück (siehe Abb. 5.2). Die Akquisition des Consumer Health Geschäftes von Merck im Jahre 2014 war zu diesem Zeitpunkt organisatorisch abgeschlossen.

Um die negativen Entwicklungen zu stoppen und eine positive Entwicklung anzustoßen, musste Bayer Consumer Health nach einem Führungswechsel an der Spitze der Division im Jahr 2018 klare, entschlossene Maßnahmen treffen. Eine eingehende Analyse ergab, dass das Unternehmen einige grundlegende Probleme hatte, insbesondere die folgenden vier:

- **Portfoliofokus:** Das Portfolio war nicht fokussiert genug, und Ressourcen wurden entsprechend nicht ausreichend konsistent strategisch eingesetzt. Einige Bereiche erschienen deutlich weniger attraktiv als der Rest des Portfolios.
- **Kostenstruktur:** Die Finanzanalyse ergab, dass die Vertriebsgemeinkosten und Verwaltungskosten (SG&A) im Vergleich zum Wettbewerb höher waren und es an einer Kostenkultur, i.e., an Kostenbewusstsein und -disziplin mangelte. Auch gab es keinen ausreichenden Cashflow-Fokus innerhalb der Division.
- **Funktionale Fähigkeiten:** In funktionaler Hinsicht erkannte man bei Bayer Consumer Health Potenzial in der Weiterentwicklung von Vertriebs- und Marketingfähigkeiten im Zusammenhang mit der Innovationspipeline. Es mangelte an Innovations- & Handlungskonsistenz bedingt durch fehlende Absprachen zwischen Vertrieb und der Innovationsstrategie, sodass neue Produkte nicht nachhaltig unterstützt und wie geplant positioniert wurden. Die Innovationspipeline

war so durch kleine, fragmentierte Innovationen gekennzeichnet, die sich auf dem Markt in den letzten Jahren nicht gut behaupten konnten.
- **Belegschaft und Kultur:** Zusätzlich wurde erkannt, dass innerhalb der Division tendenziell in Silos gearbeitet wurde und die Organisation trotz einer Matrixstruktur nicht genug auf die koordinierte Ausführung eines gemeinsamen Plans mit geteilten Ressourcen fokussiert war. Für die Management-Ebene wurde Potenzial gesehen, intensiver in einem „ONE-Team" Ansatz zu arbeiten.

Die Performance der Division wirkte sich negativ auf das Vertrauen und die Zuversicht der Belegschaft und Investoren der Bayer AG aus. Neben den Herausforderungen verfügte Bayer Consumer Health aber weiterhin über eine starke geschäftliche Basis mit ikonischen Marken, globaler Reichweite und einer auch über das Gesamtunternehmen guten Bilanzposition.

Um den Turnaround zu meistern, begann die Division daher mit einer klaren Zielsetzung und geschäftlichen Ambition – es musste neue Kundschaft gewonnen, Marktanteile erobert und die Margen verbessert werden. Der Turnaround konzentrierte sich auf klare „Where to Play"-Entscheidungen, sowohl in geografischen Märkten als auch in Produkt-Kategorien. Darüber hinaus wurde das „How to Win" in Säulen der Execution Excellence definiert, z. B. Innovation, Modernisierung des Marketings und Optimierung der Ressourcen. All diese Aufgaben starteten mit einer Planung; der erfolgreiche Turnaround erforderte dabei die Fokussierung auf die Ermöglichung einer beschleunigten und erfolgreichen Umsetzung. In der Folge werden die Erfolgsfaktoren und einige Teilaspekte aus Sicht der Planung beleuchtet.

5.3.2 *Erfolgsfaktoren des Turnarounds aus Planungssicht*

Bayer Consumer Health hat zur Erreichung der Ziele sieben Erfolgstreiber definiert (siehe Abb. 5.3).

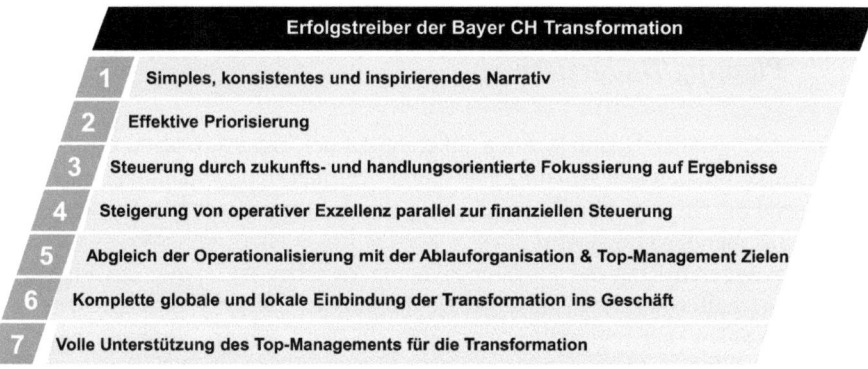

Abb. 5.3 Erfolgstreiber der Transformation bei Bayer Consumer Health

Diese Erfolgstreiber der Division finden sich in wesentlichen Teilen in den in Abb. 5.1 (Abschn. 5.2) definierten Planungselementen wieder. Die Integration dieser Planungselemente ist damit ein Kernelement des erfolgreichen Turnarounds. Tatsächlich wurde im Rahmen der Transformation eine neue kommerzielle Ablauforganisation entwickelt, in der ein stärkerer Fokus auf die Integrierte Unternehmensplanung vorgesehen war. Die Entwicklung der sogenannten globalen Category-Strategien wurde ein wesentlicher Anker in der Ablauforganisation. BCH definiert neben der Gesamtstrategie der Division auch Category-Strategien. Eine Category ist dabei eine Klasse von Produkten, die zusammengeführt einen spezifischen Bereich der persönlichen Gesundheitspflege betreffen. Category-Strategien wurden in den übergeordneten Strategieprozess einbezogen, um eine holistische Perspektive inklusive Marketing, Sales und Innovation zu entwickeln. Zusätzlich wurden die regionalen Perspektiven in einem gemeinsamen Ablauf einbezogen und gestärkt. Langfristige Finanzplanung, Marketing- und Innovationsplanung, Maßnahmenplanung sowie lokale und regionale operative Budgetierung wurden auf diese Weise gesamthaft vernetzt und konsistent gehalten. Wirkungsverluste etwa durch inkonsistente Marken-, Maßnahmen- und Finanzplanungen wurden minimiert, ohne die Geschwindigkeit der Umsetzung zu reduzieren.

Obwohl diese Art der Integrierten Unternehmensplanung auf Divisionsebene, d. h. bei Bayer Consumer Health, erfolgt, gibt es noch eine weitere, Bayer-spezifische Integrationsdimension: die divisionale Planung wird in die Konzernplanung integriert. Allerdings geschieht dies auf viel höherer Verdichtungsebene und primär auf finanzieller Ebene. Näher beleuchtet wird diese Verbindung in Abschn. 5.4.1.

In den folgenden Abschnitten werden nun die ausgewählten Integrationselemente aus Abschn. 5.2 beleuchtet und in einen unternehmerischen Kontext am Fallbeispiel Bayer/Bayer Consumer Health gebracht.

5.4 Ausgewählte Elemente einer Integration der Planung

5.4.1 Integration Strategischer Finanzplanung und Operativer Planung/Budgetierung

Bei Bayer Consumer Health wurden im Rahmen der Transformation und als Teil der neuen kommerziellen Ablauforganisation der Integrierte Planungsprozess eingeführt und die Strategische Finanzplanung mit der Operativen Planung und Budgetierung verbunden (siehe Abb. 5.4).

Wie im äußeren Ring der Divisionsplanung zu sehen ist, startet der Planungsprozess innerhalb von Bayer Consumer Health mit den Category-Strategien, gefolgt von funktionalen und regionalen Strategien. In der Category-Strategie wird beschlossen, wo Möglichkeiten in Bezug auf Marken, Innovation, Wachstumstreiber, etc. entstehen können. Darauf aufbauend wird in den Funktionen entschieden,

5 Integrierte Unternehmensplanung – von der Strategie zur operativen Umsetzung

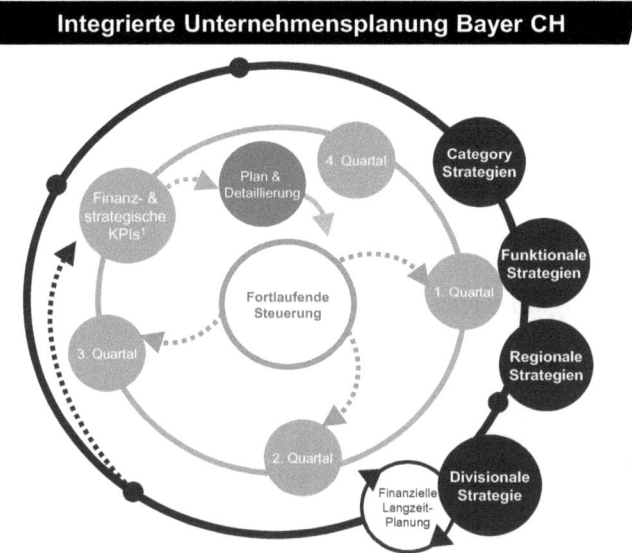

Abb. 5.4 Integrierte Unternehmensplanung bei Bayer und der Division BCH

welche Prioritäten in den Bereichen wie Innovation, Marketing, Sales oder Finance gesetzt werden und welcher Fokus entsprechend in die regionalen Strategien gegeben wird. In letzteren entsteht dann ein langfristiger, regionaler Finanzplan mit den Einflüssen aus Category und Funktionen. Im letzten Schritt, der Divisionalen Strategieplanung, wird dann ein übergreifender, langfristiger Finanzplan mit Bezug auf alle vorher beleuchteten Fokus- und Wachstumsfelder erstellt.

Die Ergebnisse aus dieser Integrierten Strategischen und Operativen Unternehmensplanung werden in der finanziellen Steuerung des Gesamtkonzerns genutzt („innerer Kreis"). Es ist zu betonen, dass die Planung auf Konzernebene ebenfalls ein wesentlicher Baustein für die Operationalisierung der Strategie auf Divisionsebene ist; diese wird durch entsprechende Vorgaben über den Rahmen der Konzernplanung mit konzernweiten Zielen und Ressourcenplanungen synchronisiert.

Im Vergleich zum bisherigen Prozess bietet die Integrierte Variante folgende Vorteile:

- **Kohärenz**: Die Integrierte Unternehmensplanung verbindet die vielen verschiedenen Faktoren/Einflüsse/Strategien in der Division BCH. Alles wird in einen nachvollziehbaren, strukturierten Zusammenhang gesetzt und ist transparent für jede Category/Region, sodass sich ein schlüssige und fundierte Divisionsstrategie ergibt.
- **Konsistenz**: Durch den Integrierten Planungsprozess stehen die Category-, Funktions- Divisions- und Konzern-Strategien nicht im Widerspruch, sondern bauen aufeinander auf. Dies gilt sowohl für die Divisionsebene, z. B. für die regionalen und funktionalen Strategien, als auch für die Divisionsstrategie selbst mit der Konzernstrategie.

- **Kongruenz**: Schlussendlich entwickelt sich ein kongruentes, also übereinstimmendes Bild für BCH, wodurch eine funktionierende Zusammenarbeit der verschiedenen Teile ermöglicht wird.

Insgesamt konnte mit dieser Herangehensweise eine effizientere Organisation mit einem ausgeprägteren Fokus auf die Konsumierenden und Produktinnovationen unterstützt werden.

5.4.2 Leistungsmessung und Incentivierung

Bei BCH wurde die Leistungsmessung angepasst, um einerseits die Verantwortungen zu stärken und andererseits die individuellen Leistungsanreize planungskonsistent auszurichten. Hierbei wurden verschiedene Änderungen durchgeführt.

Auf Divisionsebene, also im Geschäft von BCH selbst, wurde von der bisherigen Leistungsmessung auf Basis „Plan zu Ist" klassischer finanzieller Kennzahlen Abstand genommen und die Marktperformance als neuer Standard eingeführt. Somit wurde eine „Above-Peer Performance" das neue primäre Ziel für die Division. BCH wollte das beste Unternehmen auf dem Markt sein, weshalb die Division sich von rein internen Leistungszielen hin zu externen Vergleichen entwickelte. Hierfür werden regelmäßig die wichtigsten Unternehmen im Wettbewerb ausgewählt und Kernkennzahlen hinsichtlich des Consumer Health Geschäfts mit denen von BCH verglichen, zum Beispiel das Nettoumsatzwachstum.

Ebenfalls wurde die Performance von BCH im Rahmen der Transformation sehr transparent gemacht – bspw. wurde ein Scoreboard mit den wichtigsten quantitativen und qualitativen Kennzahlen und Vergleichszahlen zum Wettbewerb eingeführt. Somit konnten alle Führungskräfte die Ambitionen und Abweichungen erkennen und es lag in ihrer Verantwortung, die richtigen Maßnahmen zur Zielerreichung zu treffen.

Schlussendlich waren die eingeführten und kommunizierten Performance-Ziele auch die neue Grundlage für die Incentives der Führungskräfte. Diese orientieren sich somit, wie auch die Firmenziele, nicht mehr an Abteilungs- oder Category-spezifischen Kennzahlen. Dadurch wurden das individuelle Handeln und die entsprechenden Aktivitätenplanungen nicht nur automatisch in den Divisions-Kontext eingebettet, sondern auch auf die übergeordnete Strategie und Planung der Bayer AG, was ein wichtiger Bestandteil und Steuerungsmechanismus des operativen Turnarounds für BCH war.

5.4.3 Geografische und funktionale Aktivitätsplanung

Wie in Abschn. 5.4.1 beschrieben, wurde bei BCH der Integrierte Planungsprozess mit besonderem Fokus auf Categories und Regionen vernetzt. Sie bilden die Grundlage für die übergeordnete Strategie, verbinden somit die operative Steuerung von

5 Integrierte Unternehmensplanung – von der Strategie zur operativen Umsetzung

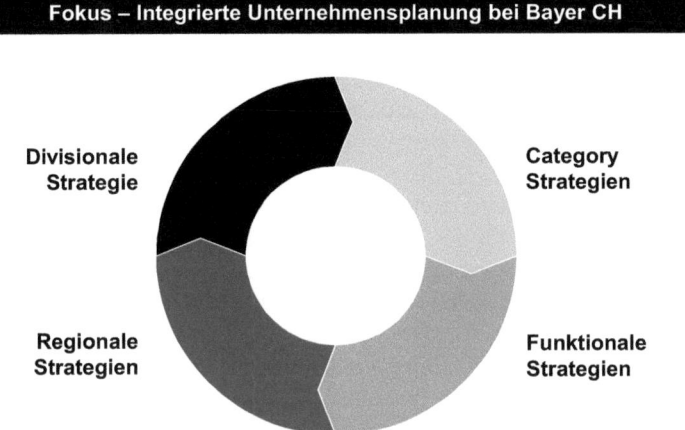

Abb. 5.5 Planungszyklus bei BCH („äußerer Ring" von Abb. 5.4, alternative Darstellung)

Innovations- und Marketing-Ressourcen, angepasst auf die jeweiligen Regionen, und sind dazu der „Startpunkt" des Planungsprozesses (siehe Abb. 5.5).

In Vorbereitung auf die übergeordneten Strategietreffen analysieren und einigen sich die Category Teams, bestehend aus globalen Experten und Marktvertretenden, auf ihre jeweiligen Strategien inklusive der wichtigsten Initiativen und Innovationspläne. Diese werden in entsprechenden Komitees priorisiert, sodass sich Kerninitiativen je Category herauskristallisieren und die Finanzierung von Innovationen allokiert ist.

Darauf aufbauend werden dann regionale Leitlinien weitergegeben, inklusive der entwickelten Priorisierung und finanziellen Rahmenbedingung. Die Regionen nutzen diese Informationen, um ihre 5-Jahrespläne zu entwickeln, nun mit einer Detaillierung der priorisierten Categories und dem Fokus auf regionale Innovationen. Dabei werden die Category Teams einbezogen und die Pläne durch das Top-Management bestätigt sowie mit der entsprechenden Finanzierung unterstützt. Als Resultat entstehen die finalen Category-Strategien unter Einbeziehung der Regionen, die dann in die operative Aktivitätenplanung übersetzt werden können.

Im Prozess selbst gibt es für besonders bedeutende Regionen wie z. B. die USA separate Sprints oder „Power Sessions" – jedoch sind auch diese sind eng mit dem Integrierten Planungsprozess verbunden.

Für die Integrierte Unternehmensplanung spielt das Element der geografischen und funktionalen Aktivitätsplanung im Rahmen des operativen Turnarounds eine wichtige Rolle – nur so lassen sich globale Category-Strategien als Wegweiser in den übergeordneten Strategieprozess einbinden und es wird ermöglicht, eine ganzheitliche Category-Perspektive auf verschiedenen geografischen Ebenen einzunehmen, einschließlich Marketing, Vertrieb und Innovationsplanung. Die Definition eines strategischen Zielbildes wird mit der Ausrichtung der Innovationsplanung verknüpft, die Ressourcen werden entsprechend konsistent alloziert und eine in die Zukunft wirkende Kohärenz der Aktivitäten zum Zielbild sichergestellt.

5.4.4 Nachhaltigkeit und Impact

Parallel zur BCH Transformation wurde Anfang 2019 Nachhaltigkeit auf Konzernebene in der Strategie verankert und zu einem gleichrangigen Unternehmensziel neben den finanziellen Kenngrößen gemacht. Die Logik dahinter war, dass eine separate Nachhaltigkeitsstrategie, die von separaten Abteilungen bearbeitet wird, keinen spürbaren Wandel im Unternehmen erwirkt. Nachhaltigkeitsziele müssen komplett in der Geschäfts- und Innovationsstrategie der operativen Geschäfte integriert werden, um auf die gleichen übergeordneten Ziele hinzuwirken. In der Unternehmenskommunikation der Bayer AG wird daher sogar weitgehend auf den Begriff der „Nachhaltigkeitsstrategie" verzichtet. Ein separater Planungsansatz für Nachhaltigkeitsziele und Maßnahmen hätte zusätzlich inkrementelle Ressourcenforderungen ausgelöst, statt eine holistische Priorisierung zu ermöglichen. Zusätzlich wurden Nachhaltigkeitsziele im Laufe des Jahres 2020 ein Bestandteil der Langfristvergütung des Vorstandes und im Laufe des Jahres 2021 ein Bestandteil der Langfristvergütung der Führungskräfte.

BCH hatte die Bedeutung der Nachhaltigkeit und die Relevanz entsprechender Zielgrößen frühzeitig in die Planung integriert. Zwei Ziele waren dabei besonders relevant, wobei das Zweite auch für die anderen Divisionen der Bayer AG Anwendung findet:

- **100-Millionen-Ziel:** Zum einen möchte BCH bis 2030 100 Mio. Menschen in unterversorgten Regionen Zugang zur alltäglichen Gesundheitsversorgung ermöglichen (d. h. der Kundschaft bestmögliche Lösungen anbieten zu können mit besonderem Fokus auf diejenigen, für die die Selbstmedikation das vorrangige Mittel der Gesundheitsversorgung ist).
- **CO_2-Reduktion.:** Zum anderen werden Maßnahmen zur Reduktion der CO_2-Emissionen und des ökologischen Fußabdrucks ergriffen. Als eine unterstützende Kennzahl gilt hier z. B. die Steigerung des Anteils erneuerbarer Energien am Strombezug auf 100 %.

Diese Ambitionen wurden und werden umgesetzt, indem Nachhaltigkeit im gesamten Geschäftsbetrieb verankert und damit in der Planung integriert ist. Nachhaltigkeit wurde als ein „Accelerator" in die Transformationsstrategie von BCH aufgenommen und in den entsprechenden Leistungsmessungen/Scoreboards nachgehalten. BCH startete mit dem „100 Mio. Target". Es wird nun als gleichwertiges Ziel parallel zu den finanziellen Kennzahlen gewertet und geprüft und ist ein Reporting-Bestandteil für Vorstand und Führungsteams. Schrittweise sollen weitere Indikatoren in die Unternehmenssteuerung und -planung integriert werden. Allgemein wurde Nachhaltigkeit bei BCH durch die Integration in die Planung auch ein wesentlicher Teil der Kommunikation, um das Belegschaftsengagement durch eine explizit artikulierte und relevante Sinnhaftigkeit („Purpose") zu stärken.

Der internationale und vor allem europäische Ansatz zur Nachhaltigkeit in Unternehmen spiegelt sich durch die Integration der Nachhaltigkeit in den Planungsprozess bei BCH wider. Während zunächst die Division von geschäftsspezifischen Zielen und KPIs ausging, wird das Reporting zunehmend durch standardisierte

Steuerungsansätze der EU-Nachhaltigkeitsstrategie (wie zum Beispiel der EU-Taxonomie und der Corporate Sustainability Reporting Direktive) weiterentwickelt und ergänzt. Es mag daher notwendig werden, im Rahmen der Integrierten Unternehmensplanung zukünftig zu entscheiden, welche dieser Nachhaltigkeitsziele auch Faktoren für die Definition von Zielen der Divisionen sind und entsprechend in die Planung integriert werden müssten.

5.4.5 Kommunikation und Engagement

Als Teil des operativen Turnarounds hatte BCH von Beginn an das Engagement und die Mobilisierung der Belegschaft als einen der Erfolgsfaktoren definiert und damit die Bedeutung einer starken Kommunikation erkannt. Ein explizites Ziel der Transformation und der angepassten Ablauforganisation war es daher, die BCH-Kultur zu stärken, das Engagement der Belegschaft zu erhöhen und die Attraktivität auf dem Arbeitsmarkt zu steigern.

Die Kommunikation erfolgte parallel zur Transformation in zwei Schritten. Im ersten Schritt begann BCH mit einer klaren und umfassenden Beschreibung der am Anfang des Artikels beschriebenen Probleme zu Beginn des Jahres 2018 (die Division erreichte ihre Performance-Ziele nicht, die Profitabilität sank, Innovation war kein Wachstumstreiber mehr und die Kosten waren zu hoch für die Ambitionen). Diese Probleme wurden im Transformationsplan adressiert und transparent dargestellt, um alle Führungskräfte und die Belegschaft für das Veränderungserfordernis zu sensibilisieren, für den Plan zu mobilisieren und letztendlich alle Beschäftigten für den Transformationsplan zu gewinnen. Neben einer regelmäßigen verbalen Kommunikation gab es zusätzlich auch tangible Kommunikationsansätze, wie zum Beispiel das Verteilen von Handyhüllen, auf denen der Transformationsplan abgedruckt war.

Nach einiger Zeit wurde der zweite Teil der Kommunikationsstrategie gestartet. Ankerpunkt blieb der allgemeine Transformationsplan, nun aber mit einer Fokussierung auf die Fortschritte, die bereits erreicht wurden. Das Motiv entwickelte sich somit von einer „Problemkommunikation" hin zu einer „Erfolgskommunikation". Dieser Wandel wurde auf regelmäßiger Basis durch Updates oder in virtuellen Austauschformaten mit Führungskräften geteilt, um das positive Momentum zu stärken.

Zusätzlich zum Einfluss der Kommunikation konnte BCH auch mit der Integrierten Unternehmensplanung selbst starke Erfolge bezüglich des Belegschaftsengagements erzielen. Das Engagement wird dabei durch Antwortwerte zu vier ausgewählten Standardfragen im Rahmen halbjährlicher Umfragen gemessen. Die Einbindung der Categories und Regionen erforderte eine abteilungsübergreifende Kollaboration, wodurch Silos aufgebrochen wurden. Dazu mussten Entscheidungen auf den entsprechenden, z. B. Category-Level getroffen werden, wodurch die Verantwortlichkeiten von der „Konzernmitte" in die einzelnen, dezentralen Bereiche verschoben wurde. Damit ist es gelungen, das Engagement in den BCH Teams zu

Abb. 5.6 Personalengagement BCH, basierend auf regelmäßigen Umfragen (2018–2020)

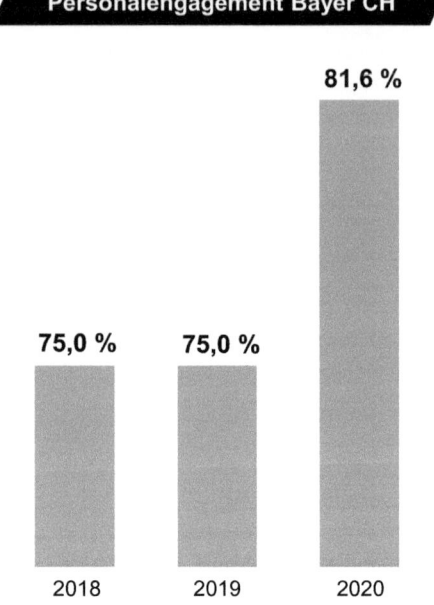

stärken: In den Jahren 2018 bis 2020 haben sich die Ergebnisse der Personalbefragungen deutlich verbessert – und das, während das eigentliche Geschäft umgestaltet wurde (siehe Abb. 5.6). Auch ein Diversity-Index, Inklusions-Score, Trainings für die Belegschaft und interne Besetzungen von Führungsrollen wurden im Rahmen der Transformation gemessen und haben sich merklich verbessert.

Ein operativer Turnaround ohne transparente und regelmäßige Kommunikation bzw. ohne ein starkes Engagement der Belegschaft war für BCH nicht denkbar – die Integration des entsprechenden Elementes in die Unternehmensplanung und den gesamten Transformationsplan hatte daher eine besondere Priorität für die Führungsteams und war schlussendlich ein wesentlicher Beitrag zum Erfolg.

5.5 Ausblick und Zukunftsfragen

5.5.1 Erfolgsgeschichte bei BCH

Bei BCH war die Transformation inklusive der neuen Ablauforganisation mit Integrierter Unternehmensplanung ein großer Erfolg. Werden finanzielle Kennzahlen betrachtet, wird eine umfassende Verbesserung in mehreren Dimensionen des Geschäfts deutlich (siehe Abb. 5.7). So hat sich zum Beispiel das Nettoumsatzwachstum von − 0,7 % im Jahr 2018 auf + 6,5 % im Jahr 2021 erhöht. Auch die EBITDA Marge konnte auf 22,5 % im Jahr 2021 von 20,1 % im Jahr 2018 gesteigert

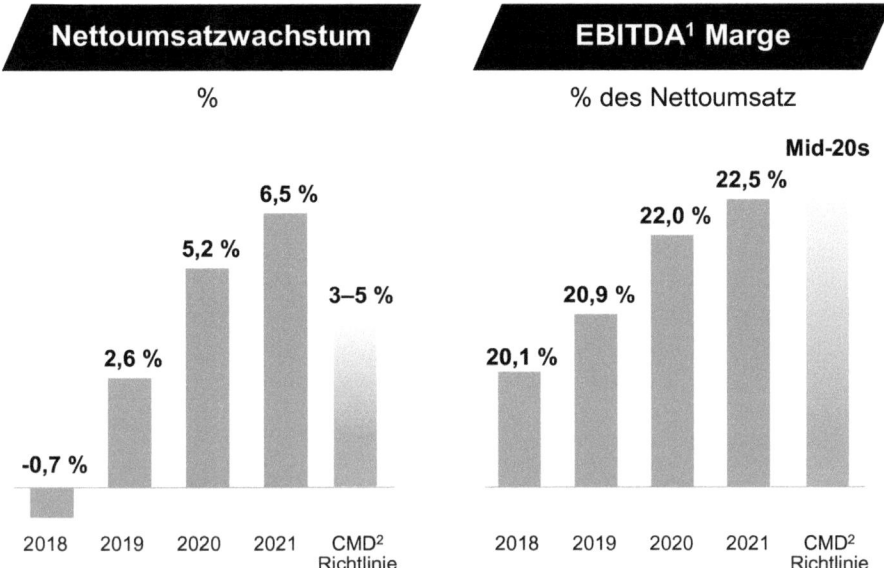

Abb. 5.7 Wesentliche Kennzahlen und CMD Richtlinie von BCH (2018–2021)

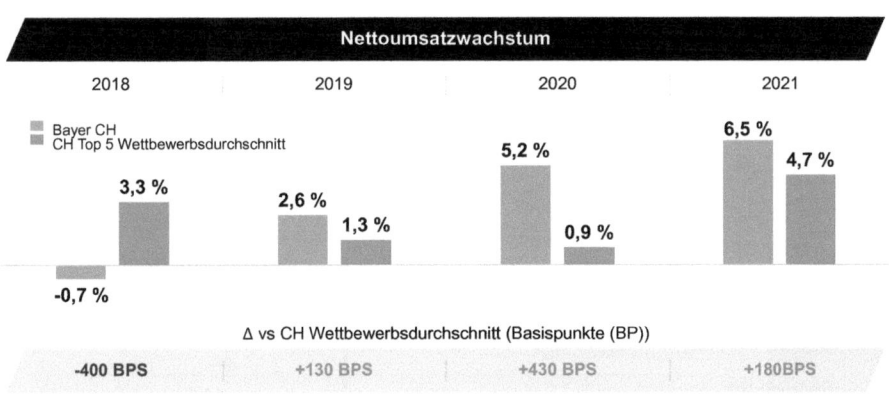

Abb. 5.8 Nettoumsatzwachstum BCH im Vergleich zum Wettbewerb (2018–2021)

werden. Beide Kennzahlen bewegen sich damit im Korridor zu den auf dem Capital Market Day Anfang 2020 (CMD) für das Jahr 2024 vorgestellten Zielen.

Im Hinblick auf die Performance gilt es hervorzuheben, dass BCH ebenfalls den Vergleichsdurchschnitt der Peers kontinuierlich übertroffen hat (siehe Abb. 5.8).

Auch in Zukunft soll BCH weiterhin stärker wachsen als der Markt, im Durchschnitt 5 % pro Jahr mit einer angestrebten Marge im mittleren Zwanzigerbereich.

5.5.2 Integrationsschemata – no size fits all

In Abschn. 5.2 wurden beispielhafte Elemente für die Integrierte Unternehmensplanung bei der Bayer AG beschrieben. Für das Fallbeispiel BCH waren verschiedene dieser Elemente von besonderer Relevanz, andere wiederum haben nur eine untergeordnete oder implizite Rolle gespielt. Die entsprechende Auswahl der Elemente ist je nach aktueller unternehmerischer Situation bzw. auch dem Marktumfeld zu wählen und kann sich daher von Unternehmen zu Unternehmen unterscheiden. Aufbauend auf den bisherigen Erkenntnissen aus der Fallstudie liefert die folgende Darstellung (siehe Abb. 5.9) einen systematischen Überblick über mögliche Integrationsschemata bzw. drei verschiedene Strategien, die Unternehmen mit einer Auswahl für die Integrierte Unternehmensplanung verfolgen können.

- **Strategische Erneuerung (rote Linie/Dreiecke):** Neben den adressierten Elementen „Nachhaltigkeit und Impact", „Strategische Finanzplanung" und „Operative Planung und Budgetierung" sind vor allem die explizite Integration eines Risikoverständnisses, strategischer Portfolioziele und der Unternehmenskultur relevant, um ein Unternehmen umfassend strategisch neu auszurichten.
- **Nachhaltigkeits- und Geschäftsmodel-Transformation (grüne Linie/Kreise):** Neben den adressierten Elementen „Nachhaltigkeit und Impact", „Strategische Finanzplanung" und „Operative Planung und Budgetierung" bedarf es für eine Nachhaltigkeits- oder Geschäftsmodel-Transformation des Verständnisses für Geschäftsmodelveränderungen und strategischer Portfolioziele sowie der Integration der Personal-/Ressourcenplanung.

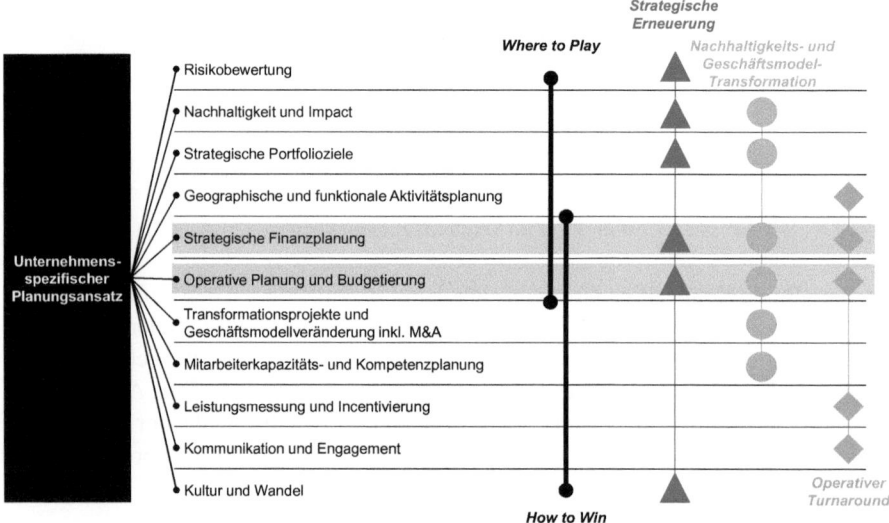

Abb. 5.9 Integrationsschemata im Kontext der verschiedenen Elemente der Unternehmensplanung

- **Operativer Turnaround (blaue Linie/Raute):** Diese Strategie wurde auch im Fallbeispiel verfolgt, wobei der beschriebene operative Turnaround der Division BCH durch das Planungselement „Nachhaltigkeit und Impact" ergänzt wurde, konsistent zu den Konzernzielen der Bayer AG.

Die strategischen Grundfragen „Where to Play" und „How to Win" finden sich in den verschiedenen Planungselementen wieder und überlappen in der Strategischen Finanzplanung und der Operativen Planung und Budgetierung. Daher ist die Integration dieser beiden Elemente Teil jedes Integrationsschemas (siehe graue Hinterlegung in Abb. 5.9). Diese von der Situation des Unternehmens unabhängige primäre Integration Strategischer und Operativer Finanzplanung sollte daher der Startpunkt einer Integration von Planungsprozessen in Unternehmen sein.

5.5.3 Ausblick Planungselemente

Vor allem in Bezug auf das Planungselement „Nachhaltigkeit und Impact" ist zu erwarten, dass sich in den nächsten Jahren die EU-Taxonomie und andere gerade entstehende ESG Reporting-Systeme vom reinen Reporting-Standard zum einem festen Planungsinstrument für unternehmensspezifisch ausgewählte Planungsgrößen entwickeln. Die entsprechenden Regularien und Systeme zielen darauf ab, Nachhaltigkeit in Unternehmens- und Planungsprozesse zu integrieren, indem sie finanzielle und nicht-finanzielle Kennzahlen auf eine Ebene stellen und sie somit vergleichbarer machen. Die Idee dahinter ist es, den Kapitalmarkt in Richtung Nachhaltigkeit zu steuern und Unternehmen zu incentivieren. In jedem verantwortungsvoll geführten Unternehmen stellt Nachhaltigkeit im eigentlichen Sinne der Dauerhaftigkeit des erfolgreichen Geschäftsbetriebs einen universellen, oft aber nur impliziten normativen Grundanspruch dar. In der näheren Zukunft kann aber davon ausgegangen werden, dass Nachhaltigkeit zu einem wesentlichen Aspekt langfristiger Portfolioplanung wird. Unternehmen, die hier spezifisch, vorausschauend und aktiv agieren, können einen langfristigen Wettbewerbsvorteil am Produkt-, Kapital- und Arbeitsmarkt entwickeln. Es bedarf hierfür nicht nur entsprechender Vorgaben, sondern auch wirksamer finanzieller Bewertungsmechanismen, die es ermöglichen, Unternehmenswerte und Produkte neu zu bewerten. Zudem werden regulatorisch in Europa die Kapitalkosten EU-Taxonomie-konform beeinflusst, um privatwirtschaftliche Investitionen in Richtung der Erreichung der europäischen Nachhaltigkeitsziele zu lenken.

Ebenfalls könnte dem Element „Risikobewertung" eine größere Relevanz zukommen. Die Integrierte Unternehmensplanung ist zwar grundsätzlich auf eine langfristige Strategie für Unternehmen ausgerichtet, muss aber zudem mit steigenden kurzfristigen Unsicherheiten oder ganz unvorhersehbaren Veränderungen umgehen. In Hinblick auf Klimakrise, geopolitische Spannungen, Verwerfungen in Lieferketten oder auch pandemische Ereignisse wird dieses Element in Zukunft stärker explizit statt wie bisher implizit in die Unternehmensplanung integriert werden. Die Erreichung einer höheren und auch messbaren Resilienz von Geschäftsmodellen und Wertschöpfungsketten wird ein eigenständiges strategisches Ziel und damit auch Planungsobjekt Integrierter Unternehmensplanung.

5.5.4 Offene Fragen für weiteren Research

Auf Basis der BCH-Erfahrungen wie auch der Literatur ergeben sich einige Themenbereiche und Elemente der Integrierten Unternehmensplanung, die weiter erforscht werden sollten.

Zum einen das Potenzial der intelligenten und technisch unterstützten Datennutzung zur Verbesserung des Planungsprozesses. Technische Verbesserungen können zumindest teilweise mögliche Komplexitätsnachteile der Planungsintegration reduzieren. Eine entsprechende Unterstützung, z. B. in Form von IT-/Prozess-Tools, hat das Potenzial, die Komplexität der vielen Input-Elemente zu reduzieren und damit die Agilität als auch die Geschwindigkeit des Prozesses zu verbessern. Ebenfalls könnte mit einer datengetriebenen Herangehensweise die Informationsdichte und -aufnahmekapazität erhöht werden, konträr zur aktuellen Handhabung, in der oftmals Informationen reduziert werden, um besser zu Entscheidungen zu kommen. Wie hoch das Potenzial im Vergleich zum technischen Aufwand ist, welches die entsprechenden Inputfelder für Tools sein müssten und bis zu welchem Punkt eine erhöhte Informationsdichte im Planungsprozess den Planungsnutzen signifikant erhöht, wären Forschungsfragen, die noch nicht ausreichend beleuchtet sind.

Zum anderen könnte sich die Forschung weiter mit der begrifflichen Klärung und Abgrenzung der Integrierten Unternehmensplanung zu anderen Planungsprozessen bzw. spezifischen Feldern beschäftigen. So ist die Integrierte Unternehmensplanung bisher nicht eindeutig akademisch definiert und wird häufig aus einer Supply Chain Brille bzw. allgemeinen strategische Planung gesehen. In diesem Kontext öffnet sich ein gewisser Interpretationsspielraum, z. B. im Vergleich zum klassischen Sales & Operations Planning.

Oliver Kohlhaas ist Leiter des Bereichs Strategie- und Unternehmensberatung bei der Bayer AG. Seine Hauptaufgabe ist die strategische Planung der Zukunft, von Unternehmensinitiativen und Projekten. Er hat an der RWTH Aachen und der Université de Bordeaux studiert.

Oliver Rittgen war von Januar 2020 bis Februar 2024 Chief Financial Officer von Bayer Consumer Health. Er ist zum 1. Februar 2024 als Chief Financial Officer zu Bayer CropScience gewechselt.

Kapitel 6
Methoden und Technologien der strategischen Planung

Fabian Marckstadt, Birte von Zittwitz, Christian Pfennig und Leonie Butterstein

Zusammenfassung Dieser Artikel beschreibt die sich ändernden Anforderungen an die strategische Planung und damit einhergehende Möglichkeiten. Entlang der Planunsgsprozessphasen werden Methoden und Tools eingeordnet und Erfolgsfaktoren für strategische Planung unter den geänderten Rahmenbedingungen eruiert. Der Fokus liegt auf den unterschiedlichen Ausgangspositionen, die einzelne Unternehmen in Hinblick auf ihre Marktposition und strategische Ambition haben und wie diese die Ausgestaltung des Planungsprozesses beeinflussen. Dabei wird nicht nur ein umfassender Überblick zu modernen Methoden und Tools gegeben, sondern es werden auch einige Mythen und Annahmen adressiert (beispielsweise die Frage, ob sich strategische Planung in einer volatilen Welt eigentlich noch lohnt. Die praktische Umsetzung des strategische Planungsprozesses wird anhand der Nachhaltigkeitsstrategie illustriert. Im Fazit erfolgt neben der Zusammenfassung der Ergebnisse auch ein Ausblick auf neue Trends in der Planung.

6.1 Aktuelle Herausforderungen an Methoden und Technologien der strategischen Planung

Strategische Planung ist ein Themenkomplex, der in vielen Unternehmen seit langem eine Rolle spielt. Im Kern geht es bei der strategischen Planung immer um die strategische Ambition eines Unternehmens, den sogenannten „Nordstern", und wie dieser erreicht werden kann. Der Nordstern beschreibt die fundamentalen Bedürfnisse und Wünsche im Idealzustand und ist somit als langfristige Vision zu verstehen, die den Mitarbeitenden eines Unternehmens als Leitplanke für deren Handeln und Denken dient (vgl. Abegglen & Bleicher, 2021). Auf Basis dieses definierten

---

F. Marckstadt (✉) · B. von Zittwitz · C. Pfennig · L. Butterstein
Deloitte, München, Deutschland
E-Mail: fmarckstadt@deloitte.de; bvonzittwitz@deloitte.de; cpfennig@deloitte.de; lbutterstein@deloitte.de

Nordsterns lassen sich neben der Vision auch die Mission und konkrete Ziele ableiten. Bleicher hatte erstmals 1991 vom strategischen Nordstern und der Langfristvision berichtet, was zu der Annahme führen könnte, dass die strategische Planung über die Jahre weitgehend gleichgeblieben ist.

Dieser Artikel soll jedoch aufzeigen, was sich an äußeren Einflüssen gewandelt hat und wie sich dadurch sowohl die Anforderungen an die strategische Planung als auch die verwendeten Methoden und Tools verändern. Ziel ist es, einen praxisnahen Überblick zu den wichtigsten Trends zu geben. Das erste Kapitel beschreibt die wichtigsten Veränderungstreiber und Einflüsse auf die strategische Planung. Das zweite Kapitel skizziert, wie Unternehmen ihren Nordstern finden und wie dieser bereits Richtung und Formgebung auch für den strategischen Planungsprozess vorgibt. Im dritten Kapitel wird kurz das zugrunde gelegte Design des Prozesses beschrieben. Darauf aufbauend werden im vierten und fünften Kapitel die zum Teil neuen Möglichkeiten erörtert, die Unternehmen für eine bessere, erfolgreichere strategische Planung heutzutage haben und einige Tools und Funktionalitäten vorgestellt. Wie diese Methoden und Tools in der Praxis zum Einsatz kommen, wird am Beispiel des Themas Nachhaltigkeit im sechsten Kapitel dargestellt. Im siebten Kapitel erfolgen Fazit und Ausblick.

Strategische Planung hat sich gewandelt. So lassen sich am Markt vor allem drei zentrale Veränderungen beobachten, die im Folgenden kurz in ihrer Wirkung auf die strategische Planung erläutert werden: Datenverfügbarkeit und Technologie, Demokratisierung und Sozialisierung der Arbeitswelt sowie Erhöhung des externen Drucks und Volatilität (Wolanin, 2022).

Datenverfügbarkeit und der technologische Fortschritt nehmen exponentiell zu. Laut einer kürzlich veröffentlichten Prognose von Tenzer (2022) zum Volumen der jährlich generierten/replizierten digitalen Datenmenge weltweit lag diese im Jahre 2012 noch bei 6,5 Zettabyte, 2020 dahingehen bereits bei 64,2 Zettabyte. Somit ist das Datenvolumen innerhalb dieser achtjährigen Zeitspanne um 888 % angestiegen. Die Prognose für 2025 liegt bei 181 Zettabyte Datenvolumen,. Damit liegt die durchschnittliche Wachstumsrate bei knapp 30 % pro Jahr. Anders ausgedrückt: Die jährlich generierte Datenmenge verdoppelt sich in weniger als zweieinhalb Jahren. Mit dem Anstieg der Datenmenge steigt auch die Komplexität, -die generierten Daten so zu analysieren, dass sie Einsicht in die richtigen Datenpunkte geben und somit als quantitative Entscheidungsgrundlage in der strategischen Planung von Unternehmen genutzt werden können.

Hinzu kommt, dass den Unternehmen durch den technologischen Fortschritt auch andere Daten zur Verfügung stehen, beispielsweise kundenbezogene Informationen oder Echtzeitanalysen verschiedener Prozesse (Bauer et al., 2017). Diese können nun auf neue Art und Weise in den Planungsprozess einfließen. Eine kundenzentrierte Datenanalyse als Basis für strategische Entscheidungen ist somit nicht nur möglich, sondern unabdingbar.

Neben dieser technologischen Komponente ist eine weitere, eher soziale Komponente zu beobachten, die den strategischen Planungsprozess eines Unternehmens beeinflusst. Anders als bei dem technologischen Fortschritt, geht die menschliche Komponente von den Mitarbeitenden eines Unternehmens aus. Der Begriff „Humanisierung und Demokratisierung der Arbeitswelt" (vgl. Vilmar & Kißler,

1982), erlebte in den letzten Jahren eine Renaissance, getrieben durch die Erwartungen einer jungen Generation an flache Hierarchien und mehr Mitbestimmung in Unternehmensprozessen. Mit Blick auf die strategische Planung bedeutet dies, dass Mitarbeitende erwarten, aktiv in den Planungsprozess eingebunden zu werden und nicht mehr – wie früher üblich – die von der Führungsetage in Eigenleistung fertiggestellte Planung vorgesetzt zu bekommen. Natürlich heißt dies nicht, dass die strategische Planung im Plenum mit allen Mitarbeitenden erarbeitet und verabschiedet wird. Jedoch möchten und sollten Mitarbeitende bei der Findung und Festlegung von Planungsinhalten eingebunden und zu konkreten Themen befragt werden. Dadurch vergrößert sich die Zahl der an der Planung beteiligten Personen – und das nicht nur innerhalb der Unternehmensgrenzen. Denn zusätzlich zur unternehmensinternen Demokratisierung erfolgt eine externe Sozialisierung des Planungsprozesses (Gebhardt, 2011; Ellis, 2003). Dies bedeutet, dass die Planungsbeteiligung nicht etwa innerhalb der Unternehmensgrenzen endet, sondern sich vielmehr über das holistische Ökosystem eines Unternehmens erstreckt und somit auch Kunden, Aktionärsgruppen und externe Partner durch deren Erwartungen und Anforderungen an Unternehmen zu Teilnehmenden werden.

Neben technologischen und soziologischen Einflüssen gibt es einen weiteren Aspekt, der Unternehmen vor neue Herausforderungen stellt: das komplexe Wettbewerbsumfeld. Unternehmen stehen seit jeher im Wettbewerb miteinander, auch diese Erkenntnis ist per se nicht neu. Doch dieses Spannungsfeld bezieht sich längst nicht mehr nur auf direkte Konkurrenten. So erhöhen vor allem die großen Tech-Unternehmen, aber auch kleine Start-ups mit innovativen und speziell an die Kundenwünsche ausgerichteten Produkten, den Wettbewerbsdruck enorm (Beneito et al., 2015). Zusätzlich steigt die Komplexität, da Unternehmen oft gleichzeitig miteinander in Wettbewerb, Kooperation und manchmal sogar in Lieferbeziehungen stehen. Unternehmensentscheidungen in Bezug auf das Umfeld müssen entsprechend in vielen Dimensionen gleichzeitig analysiert werden.

Zuletzt sei noch die zunehmende Volatilität des politischen und makroökonomischen Umfelds genannt (Wolanin, 2022). So beeinflussen wirtschaftliche Schwankungen, wie aktuell die ansteigende Inflation, das Kaufverhalten und die Kaufkraft von Kunden. Geopolitische Unruhen beeinflussen Unternehmen holistischer als andere Faktoren, da sie oftmals die gesamte Lieferkette allumfänglich und in hohem Ausmaß betreffen. Solche Krisen treten meist ohne Vorankündigung, aber dennoch oftmals mit einer weitreichenden, globalen Reichweite auf (vgl. Dillerup et al., 2020). Die Politik ist zunehmend gefragt, wichtige Themen wie Datenschutz, Verbraucherschutz oder auch Nachhaltigkeit in Regulatorik zu übersetzen, die in das Wirtschaften der Unternehmen eingreift. Dies alles führt zu zusätzlichen Erwartungen an die Flexibilität und Anpassungsfähigkeit der strategischen Planung. Gerade deshalb ist es unabdingbar, dass Unternehmen geeignete Technologien und Methoden verwenden, die den Planungsprozess unterstützen und die Planung so flexibler, effizienter und agiler gestalten. Flexibilität und Agilität stehen jedoch nicht im Widerspruch zu einer strategischen Planung. Vielmehr erfordert es umso mehr, dass ein Unternehmen den eingangs erwähnten, klar definierten Nordstern verfolgt, der immer wieder als Handlungsmaxime bei kurzfristigen Entscheidungen dienen kann. Daneben ist außerdem ein tiefes Verständnis der eigenen Marktposition erforderlich, da diese die Handlungsoptionen ebenfalls maßgeblich beeinflusst.

6.2 Der Einfluss von Marktposition und Ambition auf die strategische Planung

Zu Beginn eines jeden strategischen Planungsprozesses müssen Unternehmen zunächst Klarheit über ihren Nordstern und Ambitionsniveau schaffen. Hierzu ist eine Analyse der eigenen Marktposition erforderlich. Basierend darauf ergibt sich dann der Transformations-Archetyp, der sich auch auf die weitere Gestaltung der strategischen Planung auswirkt.

Die Marktposition wird maßgeblich durch zwei Achsen beeinflusst: Der Grad an externer Veränderung und Disruption des (branchenspezifischen) Umfelds einerseits und die relative Stärke des Unternehmens insbesondere im Verhältnis zum Wettbewerb anderseits (vgl. Deloitte, 2020). Je nach Ausprägung dieser beiden Faktoren lässt sich eine Marktposition ableiten, die die Transformationsintensität und Transformationskomplexität für das jeweilige Unternehmen bestimmt. Dabei lassen sich die in Abb. 6.1 gezeigten vier Positionen unterscheiden.

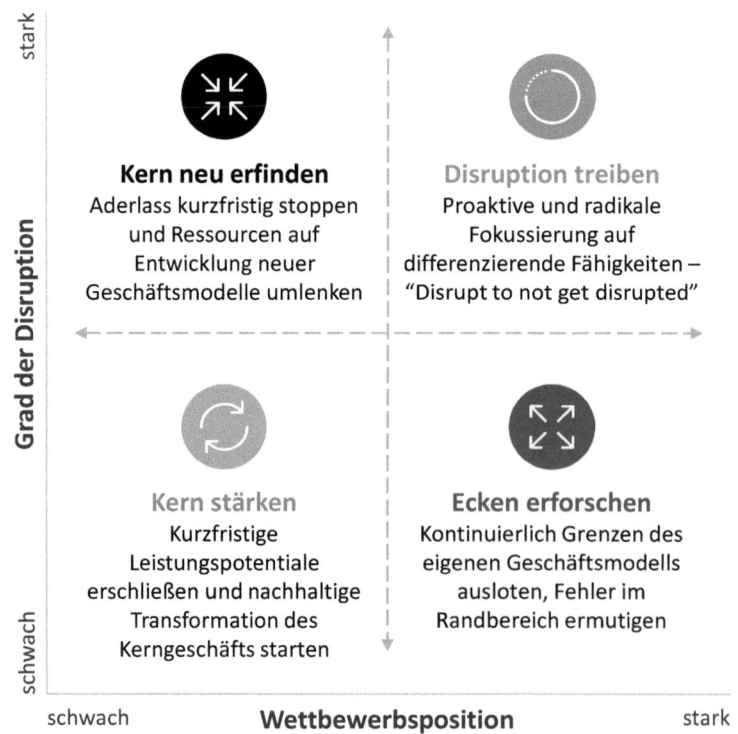

Abb. 6.1 Einordnung der Marktposition. (Vgl. Deloitte, 2020)

Beispielsweise stehen Unternehmen oder Geschäftsfelder mit schwacher Wettbewerbsposition und gleichzeitig hoher Marktdynamik vor der Herausforderung, ihren Kern innerhalb kürzester Zeit neu erfinden zu müssen – es muss sehr schnell ein Abfließen von Ressourcen verhindert werden und eine konsequente Umleitung in die Entwicklung neuer Geschäftsmodelle erfolgen. Sind Disruption und Dynamik jedoch weniger ausgeprägt, bleibt Zeit sich darauf zu fokussieren, den Kern zu stärken, indem kurzfristige Leistungspotenziale erschlossen und gleichzeitig eine nachhaltige Transformation des Kerngeschäfts begonnen wird.

Unternehmen mit starker Wettbewerbsposition hingegen verfügen über die Ressourcen und die Zeit in Ruhe neue Ecken am Rande des Geschäftsmodells zu erforschen, auch Fehler zuzulassen und somit auf eine kontinuierliche Weiterentwicklung des Geschäftsmodells zu setzen. Eine hohe Disruption ist für diese Unternehmen ggf. sogar eine Chance: proaktiv genutzt können sie selbst zum Gestalter und Vorreiter zu werden. Der Ausbau differenzierender Fähigkeiten ist zentral, um nicht selbst zum überraschenden Opfer der Markttransformation zu werden.

Wichtig ist, dass Unternehmen bei der Evaluierung ihrer Marktposition nicht gebiased vorgehen und basierend auf dem Ist- und nicht dem Soll-Zustand urteilen. Diese Evaluation kann dabei für das komplette Unternehmen erfolgen oder auch für einzelne Funktionen oder Business Units. Gleichzeitig lassen sich auch ganze Branchen auf Basis von Disruption und Wettbewerb entlang der Matrix einordnen.

Mit der Marktposition im Blick erfolgt die Festlegung des Ambitionsniveaus. Hierfür muss zunächst der strategische Nordstern definiert werden, denn – wie bereits angesprochen – lassen sich daraus nicht nur Vision, Mission und Ziele ableiten, sondern auch das Ausmaß und die resultierenden Transformationsanforderungen an die Geschäfts- und Betriebsmodelle. Dies wiederum wirkt sich anschließend auf die Risiko- und Chancenlandschaft eines Unternehmens und somit auch auf den Transformationsansatz aus. Grundsätzlich lassen sich dabei drei Transformationstypen unterscheiden (vgl. Deloitte Insights, 2022), welche nachfolgend erläutert werden:

- **Transform to Survive**: Wenn es Unternehmen nicht gelingt sich den Marktveränderungen anzupassen, werden diese den Markt verlassen, da sie in ihrer bisherigen Existenzform nicht länger wettbewerbsfähig sind. Allerdings liegt das Ambitionsniveau hier vorrangig auf der Sicherung des Status quos, auf Veränderungen im Umfeld wird so weit wie nötig reagiert, neuer Regulatorik wird entsprochen und die Weiterentwicklung des Geschäfts erfolgt inkrementell.
- **Transform to Win**: Das Ambitionsniveau dieser Unternehmen liegt klar in der Ausweitung und Durchdringung des Marktes. Themen wie Digitalisierung und Nachhaltigkeit als wichtigste Veränderungstreiber unserer Zeit werden genutzt, um sich zu differenzieren, neue Produkte oder Märkte zu entwickeln und letztlich so auch den eigenen Profit und das Top-Line Wachstum auszubauen.
- **Transform to Transform**: Die Unternehmen, die diesen Ansatz verfolgen, haben die Ambition, selbst zum Gestalter einer globalen Transformation zu werden und so Maßstäbe im Markt zu setzen. Sie entwickeln neue Geschäftsmodelle, die nicht nur dem eigenen Wachstum dienen, sondern die Art wie eine Branche funktioniert, grundlegend verändern.

Die Festlegung eines Ambitionsniveaus ist wichtiger Teil und Ergebnis der Strategie. Wichtig ist, dass es kein grundsätzlich „Richtig" und „Falsch" dabei gibt. Nicht jedes Unternehmen muss zum großen Transformator werden. Viel wichtiger ist, dass das Ambitionsniveau zu dem Unternehmen passt, mitgetragen und auch konsequent verfolgt wird.

In der Praxis erfolgt in den seltensten Fällen eine solche klare, idealtypische Einordnung. Dennoch ist es empfehlenswert für Unternehmen, sich der verschiedenen Dimensionen – sowohl mit Blick auf die Marktposition als auch die Transformationstypen – sehr bewusst zu sein, wenn sie ihren Planungsprozess gestalten. Denn diese beeinflussen sowohl das Design des Prozesses als auch die Ergebnisse der einzelnen strategischen Entscheidungen.

6.3 Design Elemente der strategischen Planung

Ein klassischer strategischer Planungs- und Umsetzungsprozess folgt idealtypisch den vier Phasen (1) Analyse, (2) Entwicklung, (3) Umsetzung und (4) Kontrolle (Deloitte, 2014, vgl. Abb. 6.2). Jede dieser Phasen beinhaltet eine Reihe typischer Aktivitäten, die voneinander abhängen und aufeinander aufbauen. Das genaue Design dieses Prozesses folgt jedoch einer Reihe von Prinzipien, die eng im Zusammenhang mit dem Ambitionsniveau und der Marktposition des Unternehmens stehen. Auch sind je nach Unternehmenszielsetzung und -reife manche der Aktivitäten wichtiger und ausgeprägter als andere.

Auch wenn die einzelnen Prozessschritte des vierstufigen Planungsansatzes aufeinander aufbauen, ist es ein Mythos zu glauben, dass der Prozess linear vom Anfang bis zum Ende durchlaufen wird, denn dies ist nur selten der Fall.

Abb. 6.2 Der idealtypische Strategieprozess. (Vgl. Deloitte, 2014)

Vielmehr befinden sich gerade größere und komplexere Unternehmen mit verschiedenen Business Units oft an verschiedenen Stellen des Prozesses zur gleichen Zeit. Hier ist eine gute Rhythmisierung und Harmonisierung ein wesentlicher Erfolgsfaktor, wie im Verlauf des Beitrages erörtert wird.

Zu den Designentscheidungen gehören unter anderem:

- Mit welchem Ziel, für wen und wann wird geplant?
- Was sind die Inhalte der Planung, welche Breite und Tiefe wird abgedeckt?
- Wie wird geplant, mit welchem Ansatz?
- Wer wird wie involviert?

Wie diese Entscheidungen wirken und mit der Ambition des Unternehmens zusammenspielen, kann an folgenden Beispielen gut verdeutlicht werden:

Ein Unternehmen der Chemiebranche mit schwacher Marktposition entscheidet sich für eine „Transform to survive"-Strategie. Hier müssen kurzfristige Umsätze gesichert und eine mittelfristig tragfähige Strategie entwickelt werden. Strategische Analyse und Strategieentwicklung werden zu einem großen Teil auf die Ableitung kurzfristiger Potenziale ausgerichtet. Der Planungshorizont ist kurz, die Frequenz hoch und die Granularität oft ebenfalls. Es wird in Summe typischerweise eher ein Top-Down Ansatz in der Planung mit vergleichsweise geringer Partizipation gewählt. Umsetzungsplanung und -kontrolle spielen eine wichtige Rolle. Hier wird oft ein zentralisierter Ansatz verfolgt, finanzielle KPIs stehen im Vordergrund und ein hochfrequentes Nachhalten und Anpassung ist erforderlich.

Hingegen ist ein Technologieunternehmen mit Marktführerschaft und dem eigenen Anspruch ein Gestalter der eigenen Branche zu sein, oft mit ganz anderen Designüberlegungen konfrontiert. Das Erforschen und Testen neuer Geschäftsfelder erfordert einen dezentralen Ansatz. Neue Themen werden als Business Cases gesteuert und durch die flexible Bereitstellung von Wagniskapital mit der nötigen Unabhängigkeit ausgestattet. Neben finanziellen KPIs spielen nicht-finanzielle KPIs eine wichtige Rolle in der Umsetzungsplanung. Gleichzeitig wird im Kerngeschäft häufig ein zentraler Ansatz verfolgt, der jedoch oft deutlich breiter und bottom-up informiert getrieben wird. Eine starke Kundenzentrierung in allen Phasen des Prozesses wird gelebt.

Beim Design des strategischen Planungsprozesses stellt sich zudem stets die Frage der Rolle von Agilität. Da Unternehmen heutzutage den klassischen Planungsprozess kaum mehr linear durchlaufen, könnte die Annahme getroffen werden, dass Planung unter den heutigen Herausforderungen nicht mehr nötig und sinnvoll sei. Hauptsache, agil und schnell reagieren. Dem ist jedoch nicht so. Agilität ist wichtig und empfehlenswert. Ein Shift in Richtung Business Case Planung und einer internen Venture Capital Logik beispielsweise kann helfen, Investitionsentscheidungen zu flexibilisieren und den Marktentwicklungen schneller anzupassen. Gleichzeitig ist es wichtig, die Rhythmen und Routinen des Unternehmens zu beachten und sich hier einzufügen, um Komplexität nicht unnötig zu erhöhen und sich die Standardprozesse zunutze zu machen.

6.4 Funktionalitäten von Methoden und Technologien der strategischen Planung

Damit die Designelemente zur strategischen Gestaltung eines Unternehmens zielgerichtet ausgestaltet und umgesetzt werden können, bedarf es geeigneter Methoden und Technologien, die daten- und faktenbasierte Entscheidungshilfen beisteuern.

Ein weiterer Mythos, der in diesem Kontext häufig auftritt, fußt auf der Annahme, dass es die eine übergreifende Methode oder Technologie gibt, die alle Phasen der strategischen Planung gleichermaßen begleitet. Diese „Über-Integration" führt oft dazu, dass Technologien und Methoden überladen werden und für Themen und Fragestellungen eingesetzt werden, für die sie nicht konzipiert wurden. Stattdessen ist es zielführend, auf Basis von Ambition und Nordstern einen stabilen Rahmen zu schaffen, innerhalb dessen verschiedene Technologien und Methoden zum Einsatz kommen können, je nach Bedarf und Schwerpunktsetzung.

Es empfiehlt sich als „stabilen Rahmen" die Etablierung eines ganzheitlichen Zielsystems, in dem die Ambition in Teilzielen konkretisiert wird, die auch messbar sein müssen und mit unternehmensweiten Top-Initiativen hinterlegt werden können (vgl. Abb. 6.3). Diese Ziele sind gleichzeitig handlungsleitend im Prozess der Ableitung einzelner Bereichs- und Funktionsstrategien und führen so dazu, dass Freiraum und strategische Stringenz gleichermaßen gewährleistet werden. Verschiedene Ambitionen in der Organisation werden so auf die gemeinsamen Ziele ausgerichtet und den unterschiedlichen Teams kann ein Fokus gesetzt werden. Gleichzeitig ermöglicht das System flexible Anpassungen und individuelle Schwerpunkte. Dementsprechend kann auch die bereits erwähnte Parallelität verschiedener Stufen im Planungsprozess ermöglicht werden.

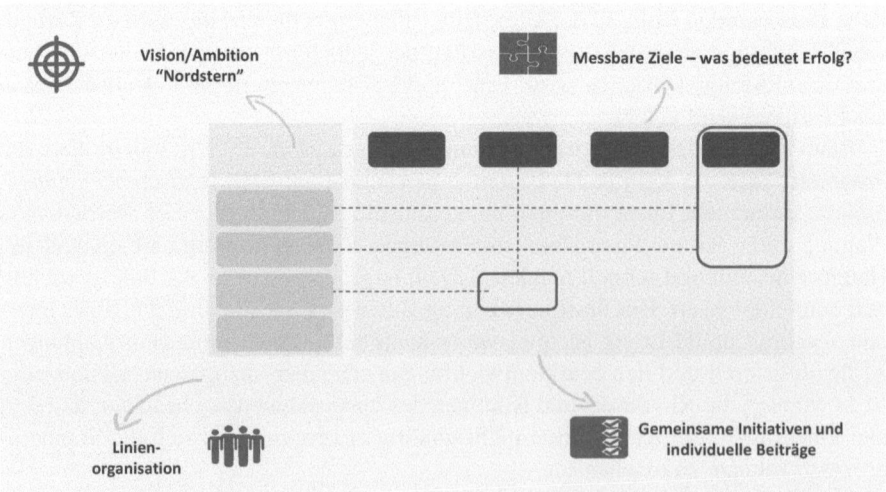

Abb. 6.3 Stabiler Rahmen zur Abbildung einer Strategie: Zielsystem. (Eigene Darstellung)

Ein Planungsprozess wird gerne als eine rein analytisch-logische Angelegenheit dargestellt. Auf Basis fundierter Daten und Fakten entsteht eine Entscheidungsgrundlage, die eine rein objektive strategische Planung ermöglicht. Auch dies ist tendenziell ein Mythos. Planungstechnologien und -methoden müssen nicht nur analytische Zwecke erfüllen, sondern auch Raum für emotional-kreative Entfaltung geben. Das mag überraschend klingen, ist aber leicht erklärbar, wenn man insbesondere die eingangs gemachten Erläuterungen zu den zunehmend komplexen Einflussfaktoren auf die Planung berücksichtigt: Mehr Menschen müssen eingebunden, neue Arten von Wissen verknüpft und neue sowie kreative Lösungen müssen gefunden werden. Daher folgt hier ein kurzer Überblick über die verschiedenen Funktionalitäten, die Planungstechnologien und -methoden heutzutage in verschiedenen Formen leisten müssen.

Auswahl analytisch-logischer Planungsfunktionalitäten
Szenario Planung/Business Simulation: Als strategische Entscheidungshilfe muss die Technologie in der Lage sein, datenbasiert Szenarien simulieren zu können, um potenzielle Risiken und Auswirkungen auf das Geschäftsergebnis auszuweisen. Es lässt sich in Unternehmen immer wieder beobachten, dass Szenarien und Business Simulationen dabei miteinander verwechselt werden. Eine gute Technologie erlaubt, beides miteinander zu verbinden: Verschiedene extern vorgegebene Szenarien (beispielsweise unterschiedliche makroökonomische Parameter, gesellschaftliche Trends, Veränderungen in der Wettbewerbslandschaft) und die Auswirkungen der unterschiedlichen Handlungsoptionen, die ein Unternehmen innerhalb dieser Szenarien hat. Erst die Kombination aus beidem erlaubt eine erfolgreiche Entscheidungsfindung.

- **Ziele und KPIs:** Ziele und KPIs können in Relation zueinander abgebildet werden, beispielsweise in einem OKR- (Objectives and Key Results) Rahmen. In vielen Planungstechnologien gibt es die Möglichkeit, Ziele und KPIs herunterzubrechen und dadurch die Daten für unterschiedliche Organisationsebenen abzubilden. Durch die Zuordnung der Ziele und KPIs zu den Organisationseinheiten wird ein Rahmen geschaffen, indem konkrete Beiträge und Verantwortlichkeiten transparent gemacht werden.
- **Budgetierung und Forecasting:** Planungstechnologien müssen die Nutzer befähigen, Budgets zu planen, Ist- und Soll-Werte zu dokumentieren und überwachen zu können. Hierbei dient die Technologie im Idealfall als „Single Source of Truth". Eine Verknüpfung von strategischer und finanzieller Planung, ggf. sogar der operativen Planung gilt in vielen Unternehmen nach wie vor als Königsweg. Die praktischen Herausforderungen dabei müssen kritisch gegen den Nutzen abgewogen werden und ein sinnvolles Maß an Integration auf der richtigen Flughöhe ist entscheidend.
- **Monitoring und Dashboards:** Planungstechnologien enthalten viele Datenpunkte, die mit Performance- und Management-Dashboards strukturiert dargestellt werden können. Führende Technologien haben die Möglichkeit, diese Dashboards beispielsweise nach Organisationseinheit oder zeitlich zu filtern und als Bericht extrahieren zu können.

- **Programm Portfolio Management:** Initiativen können strategischen Zielen zugeordnet werden und können in einem Härtegradprozess geplant und ausdetailliert werden. Ebenfalls können Hierarchien sowie Abhängigkeiten zueinander dargestellt werden. Eine gesamtheitliche Initiativen-Übersicht mit jeweiligem Status und Filtermöglichkeit helfen dem Nutzer, einen schnellen Initiativen-Überblick zu erlangen.

Auswahl emotional-kreativer Planungsfunktionalitäten
- **Agilität und Flexibilität:** Planungstechnologien können agile Formate abbilden und dadurch agile Arbeitsformen in operativen Teams fördern. Mit Blick auf die Praxis lässt sich dahingehend immer wieder beobachten, dass Unternehmen ihre strategischen Initiativen wie ein großes, hochkomplexes Projekt planen. Dadurch verlieren sie die Fähigkeit, Zwischenergebnisse zu testen, schnell zu reagieren, sich von Themen auch zu trennen und neue Aspekte zeitnah in den Plan zu integrieren. Gleichzeitig beschweren sich Unternehmen, die auf Agilität setzen, dass die klare Zielorientierung verloren geht. Dies auszubalancieren ist Kern dieser Planungsfunktionalität.
- **User Experience:** Eine wichtige emotionale Planungsfunktionalität ist eine simple User Experience, die durch eine intuitive Gestaltung des Interfaces sowie durch die richtige Strukturierung der Daten in den jeweiligen Technologien erreicht wird. Manche Technologien bieten auch eine mobile Anwendung an.
- **APIs:** APIs (Application Programming Interfaces) ermöglichen die Integration unterschiedlicher Technologien, wodurch Daten zwischen unterschiedlichen Technologien ein- und ausgegeben werden können.
- **Cloud native:** Führende Technologien werden als cloudbasierte Lösungen angeboten. Diese bieten den Vorteil von Flexibilität im User Management, Schnelligkeit in der Einführung, eine erhöhte Sicherheit nach Branchenstandards, sowie einen geringeren Implementierungs- und Wartungsaufwand im Vergleich zu einer On-Premise-Lösung.
- **Kommunikation:** Eine weitere wichtige Funktionalität ist die Möglichkeit der Kommunikation direkt in den angewendeten Technologien, beispielsweise durch eine Kommentar- oder Chatfunktion. Diese Funktion reduziert zum einen die Kommunikation auf weiteren Kanälen, zum anderen können dadurch Erläuterungen und Anmerkungen dokumentiert werden. Manche Planungstechnologien senden Benachrichtigungen, wenn neue Informationen oder Aufgaben im System angelegt wurden (z. B. per E-Mail).

Bei der Auswahl geeigneter Technologien und Methoden für die einzelnen Schritte des Prozesses ist es wiederum nicht erforderlich, dass jede Methode jede dieser Funktionalitäten abdeckt. Jedoch kann die Überbetonung einer der beiden Seiten dazu führen, dass die Technologie oder die Methode scheitert – durch fehlende Akzeptanz bei den Anwendern, durch mangelnde Tiefe der bereitgestellten Analysen oder durch zu wenig Flexibilität und Anpassungsfähigkeit. Eine Evaluierung der eingesetzten Technologien entlang dieser Funktionalitäten ist ein guter Startpunkt, um den eigenen Planungsprozess kritisch zu beleuchten und Verbesserungspotenziale auszudecken.

Als ein Beispiel für die Kombination aus Technologie und Methoden, die die Breite der Anforderungen sinnvoll abdeckt, kann der Einsatz von Szenario Planung angeführt werden: Die Szenario Planung ist bereits eine eigene Planungsmethode, mit deren Hilfe dynamische, aber zukunftssichere Strategien entwickelt werden können. Dieser traditionelle Planungsansatz kann mit innovativen, KI-gestützten Technologien – wie Gnosis – und Echtzeit Monitoring Funktionen kombiniert werden. So kann sichergestellt werden, dass Entscheidungsträger im Unternehmen in die Lage versetzt werden, die Komplexität zu durchdringen, die Ungewissheit zu bewältigen und Marktentwicklungen als Erste zu erkennen und darauf zu reagieren (vgl. Deloitte, 2023a). Die Kombination aus bewährter Methode und modernen Forschungsansätzen trifft den Puls der Zeit: „Die Kombination aus hochmoderner KI und bewährten strategischen Rahmenwerken erweist sich als der wichtigste Erfolgsfaktor für bessere strategische Entscheidungen in einer zunehmend unsicheren Welt" (Becker, 2023). Damit ist die KI kein Ersatz, sondern eine Ergänzung und Weiterentwicklung bewährter Methoden.

Ein anderes Beispiel ist die integrierte Budgetplanung: Für die grundlegende Unternehmenssteuerung und den Erfolg ist eine konsistente Budgetplanung von zentraler Bedeutung. Es lässt sich jedoch im Markt beobachten, dass die meisten vorhandenen Ansätze und Technologien darauf abzielen, die Planung in Silos zu optimieren. Vor dem Hintergrund eines übergreifenden und integrierten strategischen Nordsterns, vom dem aus sich alle Planungsaktivitäten ableiten lassen, ist dies jedoch wenig zielführend. Eine vernetzte Planung in Kombination mit Funktionalitäten wie prädiktiven Analysen und Machine Learning trägt dazu bei, die Art und Weise zu verändern, wie ein Unternehmen strategische, operative und finanzielle Entscheidungen trifft. Gleichzeitig kann dadurch die Transparenz erhöht werden, indem bisher isolierte Daten verbunden werden. Mit Hilfe der Cloud-basierten Planungssoftware können maßgeschneiderte Planungslösungen gestaltet werden. So können sich Unternehmen sicher in sich ständig verändernden Märkten bewegen, fundiertere Entscheidungen treffen, den Umsatz steigern sowie die Profitabilität verbessern (vgl. Deloitte, 2023b).

6.5 Einordnung von Methoden und Technologien entlang des Gesamtplanungsprozesses

Ein dynamisches Strategieverständnis auf Basis rationaler und emotionaler Planungsfunktionalitäten ist der Schlüssel zur Bewältigung der Marktkomplexität und Unsicherheit. Eine Kombination verschiedener Methoden und Technologien ist möglich und empfohlen, solange durch den strategischen Rahmen genug Stabilität gegeben ist, um die Ergebnisse der verschiedenen Prozessschritte, Analysen und Auswertungen wieder sinnvoll zusammenzuführen. Nachfolgend erfolgt die Reflektion dieser Funktionalitäten in konkreten Technologien – erneut entlang der vier Phasen des Planungsprozesses.

(1) **Strategische Analyse**

Im ersten Schritt des idealtypischen Planungsprozesses steht die strategische Analyse. Ziel hierbei ist der grundlegende Aufbau eines Verständnisses von Markt und Wettbewerbern. Somit wird ein einheitliches Verständnis der internen als auch externen Ausgangslage geschaffen und somit die Voraussetzungen für die Entwicklung strategischer Handlungsoptionen gelegt (vgl. Deloitte, 2014).

Eine geeignete Methode zur Bestimmung der Ausgangslage ist das Sensing (Endres & Van Bruggen, 2021). Hierbei werden potenzielle Treiber auf der Grundlage von quantitativen Beobachtungen zunächst identifiziert und anschließend priorisiert.

Die Fähigkeit, vielfältige Informationen wahrzunehmen und zu strukturieren, ist für die Strategiedefinition unerlässlich. Unternehmen, die ihre Strategien zukunftssicher machen wollen, müssen jedoch auch die – manchmal kontraintuitiven – treibenden Kräfte erkennen, die sich direkt unter der Oberfläche verbergen.

Heute wird dies nicht mehr nur durch Recherche am Schreibtisch gemacht, sondern neue Technologien können genutzt werden, um Ergebnisse zu vertiefen und zu verbessern. Beispielsweise kann ein auf Künstlicher Intelligenz (KI) basierendes Trenderkennungs- und Analysetechnologie wie „Deep View" (Deepview, o. J.) genutzt und damit über die traditionelle Marktforschung hinausgegangen werden. Deep View ist in der Lage, Datensätze aus Nachrichten- und Blogquellen sowie aus Patent- und Unternehmensdaten zu sammeln, zu analysieren und zu clustern. Mit der Unterstützung der KI-Technologie können Experten eine hochgradig maßgeschneiderte Marktforschung durchführen. Es wird ein breites Screening der Welt durchgeführt, Trendcluster identifiziert, Investitionsverhalten von Unternehmen und Wettbewerbern analysiert und Patententwicklungen im Markt ermittelt. Deep View nutzt zudem moderne Algorithmen zur Verarbeitung natürlicher Sprache, um in geschriebener Sprache ausgedrückte Ideen und Meinungen zu interpretieren und Informationsbits nach Themen zu clustern. Dies ermöglicht eine schnelle Erkennung von aufkommenden Markttrends mit einem hohen Maß an Objektivität. Die gewonnenen Erkenntnisse werden anschließend durch Fachinterviews vertieft und validiert. Durch die Verknüpfung mit globalen Netzwerken fachlicher Experten und Expertinnen mit dem Unternehmenswissen kann dementsprechend die Komplexität bestimmter Marktbewegungen verstanden werden.

Die Kombination aus KI-gestützter Deep-View-Analyse und menschlichem Fachwissen ermöglicht es, treibende Kräfte zu identifizieren, die das Potenzial haben, die Zukunft maßgeblich zu gestalten, und so Unternehmen auf dem wichtigen Weg von der Trenderkennung zur Entscheidungsfindung zu unterstützen.

Dadurch werden Unternehmen befähigt (1) aufkommende Trends, verborgene Muster und den öffentlichen Diskurs schnell zu erkennen, (2) ein Höchstmaß an Objektivität zu erreichen, indem die KI mit menschlichem Fachwissen kombiniert wird, (3) einen ganzheitlichen und maßgeschneiderten Überblick über relevante Themen zu erhalten und (4) unstrukturierte Daten und komplexe Strukturen zu vereinfachen (vgl. Deloitte, 2023c).

Auf dem Weg zu einer zukunftssicheren Strategie ist diese erste Recherchephase nur der Startpunkt. Alle gewonnenen Erkenntnisse werden in einem nächsten Schritt genutzt, um fundierte Szenarien zu entwickeln, die extreme, aber plausible Varianten der Zukunft abbilden. Diese werden für eine gründliche Analyse der bestehenden Strategie oder die Entwicklung einer neuen zukunftssicheren Strategie verwendet.

(2) **Strategieentwicklung**

Im zweiten Schritt des Planungsprozesses erfolgt die Erarbeitung und Bewertung von Optionen und Szenarien als Grundlage für die Entwicklung einer zukunftsfähigen Strategie mit Vision, Missionen und Zielen. Diese bilden die Grundlage für ein beschlussfähiges Strategiepapier, das Zielsetzungen und Handlungsbedarfe sowohl qualitativ als auch quantitativ/finanziell zusammenfasst (vgl. Deloitte, 2014). Eine hierfür passende Methode ist die Modellierung, das heißt die Entwicklung von Szenarien und Ableitung strategischer Implikationen auf Initiativen, Produkte und Investments.

Klare Entscheidungen zu treffen, bildet die Grundlage jeder Strategie. Diese Entscheidungen, die aufeinander aufbauen und sich gegenseitig beeinflussen, werden auch als Cascading Choices bezeichnet (Lafley & Martin, 2013). Dabei wird unter anderem festgelegt, wo und wann man sich dem Wettbewerb stellt („Where to Play") und wie man das in den Geschäftsbereichen, in denen man aktiv ist, erfolgreich tut („How to Win") (Satell, 2013). Es sollte zudem entschieden werden, wie das Unternehmen Ressourcen allokiert, Investitionsentscheidungen trifft und Erfolgserwartungen bildet.

Mit den 5 zentralen Entscheidungen der Cascading Choices lassen sich flexible, zukunftsweisende Strategien formulieren (Lafley & Martin, 2013).

- **Entscheidung 1: Goals and Aspirations**
  Welche Vision hat das Unternehmen oder der Geschäftsbereich, wonach streben sie? Welche finanziellen Ziele sind gesteckt, welcher Wert soll geschaffen werden? Was versteht man unter einer relativ hohen Profitabilität? Was ist das gewünschte Risikoprofil?
- **Entscheidung 2: Where to Play**
  In welchen Geschäftsfeldern ist das Unternehmen oder die Sparte aktiv? Welche Zielkunden sollen mit welchen Produkten oder Dienstleistungen angesprochen werden? In welchen Regionen und in welchen Teilen der Wertschöpfungskette soll man sich dem Wettbewerb stellen?
- **Entscheidung 3: How to Win**
  Welche spezifischen Wertversprechen richten sich an die Zielkunden? Woher rührt der Wettbewerbsvorteil? Wie will das Unternehmen Gewinne generieren?
- **Entscheidung 4: What capabilities do we need**
  Welche Kompetenzen muss das Unternehmen aufbauen, ausbauen oder verinnerlichen?
- **Entscheidung 5: What management systems do we need?**
  Wie müssen sich Organisation und/oder Managementsysteme verändern, um die strategischen Ziele wirksam zu verfolgen? In welchem Umfang sind ein Wandel oder eine Transformation erforderlich und wie sind diese voranzutreiben?

Die Kunst der Strategieentwicklung liegt darin, innerhalb dieser Kaskade für abgestimmte, kohärente und sich gegenseitig verstärkende Entscheidungen zu sorgen. Dabei sind die robustesten Strategien diejenigen, in denen sich das „How to Win" und das „Where to Play" gegenseitig verstärken. Die Strategiefindung ist ein iterativer Prozess, in dem diese beiden Elemente sinnvoll und umsetzbar verbunden werden müssen. Die zufriedenstellenden Strategien sind diejenigen, in denen die Entscheidungen zum „Where to Play" und „How to Win" die gewünschten Ziele und Erwartungen erfüllen. Die nachhaltigsten Strategien sind diejenigen, in denen passende, klare und unterstützende Kompetenzen, Organisationsstrukturen, Prozesse und Initiativen die Entscheidungen zum „Where to Play" und „How to Win" untermauern.

Neu ist der Anspruch, der heute an die Vision und Ambition gestellt wird. Während früher bei der Formulierung von Zielen vor allem Wert darauf gelegt wurde, dass sie „SMART" (Spezifisch, Messbar, Attraktiv, Realistisch, Terminiert) sind, hat sich – auch unter dem Eindruck extrem erfolgreicher, schnell wachsender Startups – der Begriff des Massive Transformative Purpose (MTP) und des Big, Hairy, Audatious Goal (BHAG) durchgesetzt (Ismail et al., 2014). Viele Unternehmen erkennen heute, das eine Vision den Anspruch eines „Massive Transformative Purpose" erfüllen muss. Es ist weder hinreichend motivierend noch richtungsweisend genug, nur „der oder die Größte" für etwas zu werden, dass es bereits gibt. Vielmehr ist es erforderlich, eine Veränderungsnotwendigkeit in der Gesellschaft zu erkennen und diese durch das eigene Unternehmen und Produkt zu adressieren. Das BHAG wiederum sorgt dafür, dass man sich nicht von vornherein selbst im Denken und Zielstreben limitiert, sondern die Möglichkeiten des Machbaren auslotet und ausweitet.

(3) **Umsetzungsplanung**

Der dritte Schritt des strategischen Planungsprozesses ist die Umsetzungsplanung. Diese leistet die Konkretisierung der übergeordneten Handlungsbedarfe in Initiativen, oder Aktionen einzelner Geschäftsbereiche. Zusätzlich wird hierdurch Messbarkeit hergestellt, sodass eine Verankerung von Strategie in individuellen Zielvereinbarungen ermöglicht wird (vgl. Deloitte, 2014).

In der Vergangenheit wurde die Strategieumsetzung oft im Rahmen einer Jahresplanung konzipiert. Strategische Ziele wurden in Jahresvereinbarungen verankert und die Maßnahmen zur Umsetzung im Rahmen des Jahresbudgetprozesses festgelegt. Dadurch war eine sehr langfristige Festlegung auf Maßnahmen erforderlich, oft bis zu 18 Monaten im Voraus. Dies hat sich in den letzten Jahren in vielen Unternehmen gewandelt. Die zunehmende Volatilität und sich daraus ergebender Notwendigkeit zur Anpassung macht die Nutzung neuer Ansätze erforderlich. So wurde das Konzept der Agilität aus der Softwareentwicklung, wo es entstand, übernommen und auch für Themen im Bereich des strategischen Managements adaptiert (Mathiassen & Pries-Heje, 2006). Dadurch wurde auch die Strategieumsetzung flexibler und reaktionsfähiger. Um die Vorzüge einer agileren Planung in der Strategieumsetzung zu nutzen, werden Maßnahmen zunächst holistisch gesammelt, wodurch das sogenannte Corporate Backlog entsteht. Unter einem Corporate Backlog versteht man einen Themenspeicher, in dem sich alle Initiativen und Maßnahmen befinden, die zur Erreichung der Ziele umgesetzt werden sollen (What is a Backlog, o. J.). Der Corporate Backlog kann im Rahmen eines regelmäßigen Reviews überarbeitet und ergänzt werden. Anschließend erfolgt auf Basis dieses Corporate Backlogs eine Priorisierung der Maßnahmen. Durch diese Priorisierung wandern die strategischen Maßnahmen vom Corporate in das Sprint Backlog und werden anschließend in Sprints bearbeitet. Das Sprint Backlog beinhaltet somit konkrete Initiativen aus dem Corporate Backlog, ist jedoch unterteilt in einzelne Aufgaben (Tasks), die innerhalb eines Sprints erledigt werden können (What is a Backlog, o. J.).

Das Arbeiten in Sprints erweist sich auch für die Strategieumsetzung als ausgesprochen zielführend. Zum einen werden erste Erfolge schnell sichtbar und Fehlentwicklungen können auf Basis des frühen Feedbacks direkt korrigiert werden. Zum anderen werden auch Hürden und Hindernisse thematisiert und Themen können bei Bedarf re-priorisiert werden und erlauben so Flexibilität. Auch für die Teams, die an der Umsetzung mitarbeiten, bietet der Ansatz Vorteile: Das strategische Engagement wird sichtbar gemacht, der zeitliche Einsatz wird genau budgetiert und entsprechend auch ermöglicht. Es sei jedoch auch darauf hingewiesen, dass diese Art der Strategieumsetzung ein hohes Maß an Disziplin bei der Einhaltung der Routinen und auch der Rollen erfordert. Die Person, die das Sponsoring auf Führungsebene für eine strategische Maßnahme übernimmt, ist analog zu einem Product Owner nicht für die Arbeitsorganisation des Teams zuständig. Ein Sprint hat immer die gleiche Dauer (vorab festzulegen) und startet mit einem gemeinsamen Planungsmeeting und endet mit einer verbindlichen Sprintabnahme, in der die Ergebnisse präsentiert werden – um nur einige Beispiele zu nennen. Es empfiehlt sich hierfür, bestehende Routinen des Unternehmens zu nutzen und sie umzuwidmen bzw. mit neuen Inhalten anzureichern. Der Sprint-Rhythmus sollte von den Mitarbeitenden und Führungskräften nicht als zusätzliche Belastung, sondern als Bereicherung ihrer Strategiearbeit wahrgenommen werden. Wichtig ist auch, dass jeder strategischen Maßnahme klare Verantwortlichkeiten zugewiesen werden, sowohl im Sinne eines Maßnahmen-Sponsorings als auch eines operativen Teams, und dass eine hinreichende Budgetallokation vorgenommen wird.

Ein weiterer Vorteil besteht darin, dass sich der Ansatz und das Vorgehen stringent über mehrere Unternehmensebenen hinweg ziehen lässt. So entsteht eine in sich stimmige Strategieumsetzung, die durch den einheitlichen Rahmen aus Zielsystem und Regelprozess zusammengehalten wird. Einen ähnlichen Ansatz verfolgen die oft zitierten und in vielen Unternehmen etablierten Objectives & Key Results (OKR). Auch diese Methode verbindet eine stringente Ableitung von Maßnahmen und KPIs aus strategischen Zielen mit einem dynamischen und iterativen Prozess. Beide Methoden lassen sich sehr gut miteinander verbinden (Doerr, 2018).

Jedoch stoßen größere und komplexere Unternehmen gerade bei dem Versuch der Kaskadierung häufig an ihre Grenzen, insbesondere, wenn versucht wird mit Hilfe von Powerpoint und Excel die Strategieumsetzung zu dokumentieren. Daher haben zahlreiche Anbieter verschiedene Softwarelösungen entwickelt, die nicht nur Ordnung in die Komplexität bringen können, sondern vor allem auch für die emotional-kreativen Anforderungen eine Lösung bereithalten. Als ein Beispiel sei hier die Lösung Scientrix kurz erläutert: Scientrix ist eine cloudbasierte Plattform, die es Transformatoren und Führungskräften ermöglicht, die Organisation zu strukturieren, zu verbinden, zu verändern und zu verwalten und das über mehrere Level hinweg (Scientrix, o. J.): Mit Hilfe des Strategy Board wird die Strategie in modulare Teile strukturiert, die eine auf den Unternehmenszweck und die Ziele ausgerichtete Zusammenarbeit ermöglichen – die technische Umsetzung der Abb. 6.3. Das Staging Board sorgt dafür, dass die Maßnahmen und Initiativen Pipeline ausgerichtet, schlank und fokussiert ist, um die Ausführung zu optimieren.

Eine Aufgabentafel ermöglicht es den Aufgabeneigentümern, eine klare Verbindung zum übergeordneten strategischen Zweck herzustellen und gleichzeitig ihre Arbeit produktiver zu verwalten. Die Ergebnistafel wiederum liefert den Status der definierten KPIs zur Erreichung strategischer Ziele mit Analyse- und Darstellungsfunktionen. Nicht zuletzt können mit einem Risk Board Risiken analysiert und visualisiert, kategorisiert und in einem Risikoregister mit Verantwortlichkeiten gespeichert werden. Vor allem jedoch ermöglicht eine solche Lösung Transparenz. Dies regt unterschiedliche Gruppen dazu an, aktiv an der Strategieumsetzung mitzuwirken, erhöht den Austausch und das Lernen untereinander und steigert in hohem Maße die Effizienz.

(4) **Umsetzungskontrolle**

Der vierte und somit letzte Schritt eines jeden idealtypischen Planungsprozesses ist die Umsetzungskontrolle. Darunter zu verstehen ist der regelmäßige Abgleich von Maßnahmenfortschritt und Zielerreichung gegenüber dem Umsetzungsplan. In diese Phase fällt somit auch die Initiierung von korrektiven Maßnahmen. Gegebenenfalls kann das Anstoßen neuer Strategieansätze erforderlich werden, etwa wenn sich Rahmenbedingungen ändern (vgl. Deloitte, 2014).

Eine Strategieumsetzung ist vergleichbar mit einem großen Transformationsprojekt. Die vielfältigen Maßnahmen werden im Rahmen eines ganzheitlichen Programmes gesteuert und überwacht. Da solche Transformationsprojekte oft sehr komplex sind, sollten Unternehmen gerade in dieser Phase von geeigneten Technologien Gebrauch machen. Hierfür eignen sich webbasierte Kontroll- und Entscheidungsplattformen wie Gnosis. Diese Technologie hilft nicht nur bei der Entscheidungsfindung am Anfang eines Planungsprozesses, sondern unterstützt Unternehmen bei der kontinuierlichen Überwachung und Bewertung individuell definierter Planungsindikatoren. Jede Gnosis ist dabei spezifisch auf die strategischen Fragen eines Unternehmens zugeschnitten und nutzt künstliche Intelligenz, um individuell definierte Indikatoren kontinuierlich zu überwachen und zu bewerten (Gnosis, o. J.).

Mit jedem Indikator scannt Gnosis automatisch die Wissenslandschaft, um eine globale, ganzheitliche, aktuelle und unvoreingenommene Perspektive auf das Geschäftsumfeld und seine Entwicklung, sowie auf die relevanten Zukunftsvariablen zu bieten. Gnosis lenkt dadurch die Konzentration auf zentrale Annahmen, die strategischen Entscheidungen zugrunde liegen. Im Laufe der Zeit verfolgt Gnosis diese Ungewissheiten, erkennt alle bedeutenden Veränderungen und Entwicklungen, die sich ergeben, und gibt Aufschluss darüber, welche strategischen Entscheidungen sinnvoller sind und wo gegebenenfalls Anpassungsbedarfe vorliegen.

6.6 Strategische Planung am Beispiel der Entwicklung einer Nachhaltigkeitsstrategie

Nachdem in den vorangegangenen Kapiteln die strategische Planung und ihre Methoden und Technologien aus theoretischer Sicht beleuchtet wurden, folgt ein praktisches Beispiel, das auf dem wohl wichtigsten Treiber der heutigen Zeit basiert: Nachhaltigkeit. Generell gilt, dass auch bei der Planung einer Nachhaltigkeitsstrategie der idealtypische Planungsprozess von Analyse, Entwicklung, Umsetzung und Kontrolle greift. Jedoch ist sie ein gutes Beispiel dafür, dass der Planungsprozess in seiner idealtypischen Form in der Praxis kaum vorzufinden ist.

In einer neuen Studie hat sich Deloitte mit den Erfolgsfaktoren von Nachhaltigkeitstransformationen beschäftigt, und herausgearbeitet, was sie von früheren großen Unternehmenstransformationen unterscheidet und welche Methoden, Technologien und Fähigkeiten – auch bereits in dem strategischen Planungsprozess – entscheidend sind, um die Transformation erfolgreich zu gestalten (vgl. Deloitte Insights, 2022). Hierzu wurden 260 Führungskräfte europaweit und branchenübergreifend befragt und eine Gruppe von 30 „Leadern" identifiziert.

Bei der **strategischen Analyse** wird das hohe Maß an Komplexität deutlich, mit denen Unternehmen heute konfrontiert sind. Das Thema Nachhaltigkeit ist von Unsicherheit geprägt und auch von starken gegenseitigen Abhängigkeiten und Wechselwirkungen. Hier zeigt sich, dass die teils KI-gestützten Fähigkeiten zur strategischen Analyse einen entscheidenden Wettbewerbsvorteil darstellen. Unternehmen, die das „Sensing", also das frühzeitige Identifizieren von Trends und Veränderungen im Umfeld, beherrschen, gehörten in der Studie zur Gruppe der „Leader" (vgl. Abb. 6.4).

Der MTP ist im Kontext von Nachhaltigkeit eines der wichtigsten Instrumente in der **strategischen Planung**. „To accelerate the advent of sustainable transport" (vgl. Musk, 2013) ist der MTP von Tesla und „We're in business to save our home planet" (vgl. Chouinard, 2023) ist, was Patagonia antreibt. Dies sind gute Beispiele für die zentrale Rolle, die ein MTP heutzutage in der strategischen Planung spielt. Die führenden Unternehmen sprechen somit auch nicht mehr von einer (separaten) Nachhaltigkeitsstrategie, sondern schlicht von einer (nachhaltigen) Unternehmensstrategie.

Darüber hinaus greifen dieselben Transformationsarchetypen, wie sie im 2. Kapitel beschrieben wurden: Manche Unternehmen streben danach, zu Vorreitern zu werden, sie sehen das Potenzial für sich, durch das Thema Nachhaltigkeit die Spielregeln ihrer eigenen Branche neu zu definieren. Ein typisches Beispiel ist der Automobilhersteller, der sich nun als Mobilitätsanbieter mit Subscription und Sharing Modellen in einer elektrifizierten Welt komplett neu erfindet. Andere Unternehmen hingegen entscheiden sich bewusst dafür, zunächst nur das Nötigste zu unternehmen, was von ihnen verlangt wird, um die Regulatorik oder minimalen Stakeholder-

Degree of integration

Question asked: Do you agree/disagree with the following statement: Sustainability is at the core of our organization's purpose and strategy

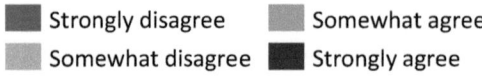

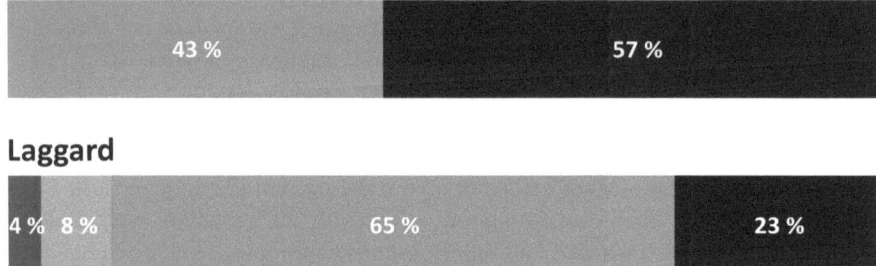

Abb. 6.4 Integration von Nachhaltigkeit in die Unternehmensstrategie

Erwartungen zu bedienen. Ehrlichkeit in Bezug auf das eigene Ambitionsniveau ist eine wichtige Voraussetzung, um den Umsetzungsprozess erfolgreich zu gestalten und auch der Gefahr des Greenwashings und damit verbundener Reputationsrisiken zu begegnen.

In Bezug auf die **Umsetzungsplanung** ist die Fähigkeit des Strategy Cascading, also des Herunterbrechens von Strategie auf KPIs und Handlungsfelder, aber auch auf die Beiträge der verschiedenen Organisationsbereiche ein weiterer, wichtiger Differenzierer zwischen führenden Unternehmen und den Nachzüglern. Dabei sollte für die organisatorische Verankerung ein Modus in Abhängigkeit von Reife und Ambition gewählt werden. Unternehmen, die Nachhaltigkeit (noch) nicht im Kern ihrer Strategie angesiedelt haben, sind mit einem zentralen, stark mandatierten Team, das das Thema treibt, deutlich erfolgreicher, als Unternehmen, die versuchen, das Thema durch die Gesamtorganisation treiben zu lassen. Dieser Ansatz hingegen funktioniert besser, wenn bei einem Unternehmen das Thema Nachhaltigkeit im Kern der Strategie bereits verankert ist (Deloitte Insights, 2022).

Auch die Fähigkeit zur Agilität ist in der Transformationsphase ein entscheidender Differenzierer von erfolgreichen Unternehmen. Denn sowohl auf der Seite der Chancen sind durch die hohe Dynamik im Markt jederzeit neue Möglichkeiten zu erwarten – dies bedeutet vor allem die Entwicklung von neuen Produkten, Dienstleistungen und Geschäftsmodellen durch die Identifizierung, Umsetzung und Skalierung Innovationen im Bereich des Klimaschutzes. Doch auch auf der Seite der Risiken müssen Unternehmen jederzeit auf den sich verändernden Markt reagieren können, insbesondere auf sich verändernde regulatorische und geopolitische Situationen, aber eben auch das Nicht-Eintreffen bestimmter technologischer Fortschritte, die für die Umsetzung der geplanten Maßnahmen notwendig gewesen wären. Viel hängt hier von der Geschwindigkeit ab, in der beispielsweise grüner Wasserstoff oder eine skalierbare Carbon Capture & Storage (CCS) Technologie zur Verfügung stehen.

Gerade für die Nachhaltigkeitsstrategie spielt die **Umsetzungskontrolle** eine tragende Rolle. Die Erhebung der erforderlichen Daten ist sehr komplex und gleichzeitig ist insbesondere bei der externen Berichterstattung eine faktenbasierte, transparente und tragfähige Auskunftsfähigkeit entscheidend. Es lässt sich im Markt beobachten, dass die Entwicklung der Nachhaltigkeitsstrategie oft sogar mit der Kontrolle beginnt, das heißt, dass der Ausgangspunkt die Beantwortung der Fragen was berichtet werden muss und welche KPIs hierfür benötigt werden, ist. Auf Basis dessen sammeln Unternehmen zunächst Daten, aus denen sie nach und nach die Strategie entwickeln. Als ein Tool, das diesen Prozess von Anfang bis Ende begleitet, sei hier GreenLight genannt (Greenlight Software, o. J.). Durch die Integration zahlreicher anderer Lösungen, Technologien und Datenbanken kann mit GreenLight die Dekarbonisierungsstrategie über alle Phasen hinweg von der Festlegung der ersten Baseline, über das Setzen von wissenschaftlich fundierten Net-Zero Zielen, der Bewertung von Initiativen in verschiedenen Dimensionen (inklusive gegenseitigen Abhängigkeiten und steuerlichen Implikationen) und Entwicklung einer Roadmap bis hin zum Reporting begleitet werden (vgl. Deloitte, 2023d).

6.7 Fazit und Ausblick

In den vergangenen Jahren wurde die strategische Planung oft kritisiert, das Konzept einer Mittelfristplanung als überholt, unflexibel, veraltet dargestellt. Der vorliegende Beitrag hat gezeigt, dass mit den richtigen Methoden und Technologien durchaus ein Platz für die strategische Planung im heutigen Unternehmensmanagement ist. Wichtig ist, dass diese den heutigen Herausforderungen entsprechen, indem sie flexibel sind, Simulation und Szenariendenken ermöglichen, mit großen, auch externen Datenmengen arbeiten können, und die Fähigkeit besitzen, über verschiedene Hierarchieebenen hinweg Partizipation am Strategieprozess im Unternehmen zu fördern. So bleibt der Strategieprozess für Führungskräfte und Mitarbeitende relevant.

Insbesondere müssen sich Unternehmen von verschiedenen Mythen und Vorstellungen lösen, die hier nochmal zusammengefasst werden:

1. Der Strategieprozess wird nicht linear von Anfang bis Ende („alle drei Jahre") durchlaufen. Unternehmen können sich an verschiedenen Stellen des Prozesses gleichzeitig befinden und auch zwischen den Phasen dynamisch wechseln – die strategische Planung hilft so der mehrjährigen Konsolidierung und unterjährigen Moderation.

2. Es benötigt nicht die eine übergreifende Methode (und nicht das „eine" entsprechende Tool). Stattdessen ist es wichtig, einen stabilen Rahmen durch ein Zielsystem zu schaffen, innerhalb dessen dann jedoch Freiräume gegeben und auch unterschiedliche Methoden und Technologien je nach Anwendungsfall miteinander verbunden werden.
3. Abschließend erfolgskritisch ist eine gute Balance aus Daten und Fakten – mithin analytisch-logischen Funktionalitäten und den Dimensionen rund um Partizipation und kreativer Teilhabe des Gesamtunternehmens. Die emotional-kreative Seite wird oft unterschätzt, ist jedoch essenziell, um die Qualität in der Planung und Akzeptanz der Ergebnisse zu sichern. Beobachtungen der Praxis deuten darauf hin, dass Methoden und Technologien, die dies ermöglichen, sich langfristig im Markt durchsetzen werden, während eine Überbetonung der analytisch-quantitaven Erfolgsfaktoren nachteilige Ergebnisse für Unternehmen befördern.

Es bleibt ein dynamisches Feld, dass sich kontinuierlich weiterentwickeln kann und muss, um mit neuen Herausforderungen umzugehen und die Chancen neuer Technologien zu nutzen. Ob in Zukunft ChatGPT unsere Planung übernimmt oder wir mit Quantencomputern Szenarien berechnen und Entscheidungen optimieren – alles ist möglich. Die Anforderungen an Führungskräfte und Mitarbeitende werden sich wandeln, in der Erarbeitung, Umsetzung und Kommunikation werden sie jedoch als die letztlich für Erfolg und Misserfolg Verantwortlichen entscheidend bleiben.

Literatur

Abegglen, C., & Bleicher, K. (2021). *Das Konzept Integriertes Management* (10. Aufl.). Campus Verlag GmbH.

Bauer, D., Maurer, T., Henkel, C., & Bildstein, A. (2017). Big-Data-Analytik: Datenbasierte Optimierung Produzierender Unternehmen.

Becker, F. *The center for the long view – About us.* https://www2.deloitte.com/de/de/pages/strategy/articles/about-center-for-the-long-view.html. Zugegriffen am 02.01.2023.

Beneito, P., et al. (2015). Competitive pressure and innovation at the firm level. *The Journal of industrial economics, 63*(3), 422–457.

Chouinard, A. (2023). *Earth is now our only shareholder.* https://www.patagonia.com/ownership/. Zugegriffen am 01.03.2023.

DeepView. (o.J.). Www.deepview.com, www.deepview.com. Zugegriffen am 12.03.2023.

Deloitte. (2014). *Strategie und Umsetzung – Wer hat die Fäden in der Hand?* https://www2.deloitte.com/content/dam/Deloitte/de/Documents/strategy/Deloitte%20Center%20for%20Strategy%20Execution%20-%20Studie.pdf. Zugegriffen am 02.01.2023.

Deloitte. (2020). *Transformation Champions: Sieben Erfolgsfaktoren für die Transformation.* https://www2.deloitte.com/de/de/pages/strategy-analytics/articles/erfolgsfaktoren-fuer-die-transformation.html. Zugegriffen am 02.01.2023.

Deloitte. (2023a). *About us: The center for the long view.* https://www2.deloitte.com/de/de/pages/strategy/articles/about-center-for-the-long-view.html. Zugegriffen am 02.01.2023.

Deloitte. (2023b). *Vernetzte Planung mit Anaplan.* https://www2.deloitte.com/de/de/pages/enterprise-performance/articles/vernetzte-planung-deloitte-und-anaplan.html. Zugegriffen am 02.01.2023.

Deloitte. (2023c). *Perceive – Understand your market and competitors.* https://www2.deloitte.com/de/de/pages/strategy/solutions/ai-market-research.html. Zugegriffen am 02.01.2023.

Deloitte. (2023d). *About GreenLight Solutions.* https://www2.deloitte.com/us/en/pages/about-deloitte/solutions/greenlight-solution.html. Zugegriffen am 01.03.2023.

Deloitte Insights. (2022). *Demystifying sustainability transformations: Four keys to mastering the most pressing business transformation of our time.* https://www2.deloitte.com/us/en/insights/environmental-social-governance/transformative-sustainability-demystification.html. Zugegriffen am 02.01.2023.

Dillerup, R., Witzemann, T., & Schröckhaas, B. (2020). Zehn Trends der Unternehmensplanung. *Controlling & Management Review, 64*(3), 46–54. https://doi.org/10.1007/s12176-020-0096-4

Doerr, J. (2018). *OKR: Objectives & Key Results: Wie Sie Ziele, auf die es wirklich ankommt, entwickeln, messen und umsetzen.* Vahlen.

Ellis, C. (2003). The flattening corporation.(Organization). *MIT Sloan Management Review, 44*(4), 5–6.

Endres, H., & Van Bruggen, G. H. (2021). Two sides of the sensing capability. In *Academy of management proceedings* (Bd. 2021(1)). Academy of Management.

Gebhardt, B. (2011). Diskurs als Unternehmenskultur – wie Enterprise 2.0 Unternehmen revolutioniert. *Marketing Review St. Gallen, 28,* 28–35.

Gnosis Management – Your Information Management Partner. (o.J.). *Gnosis Management.* gnosis-management.com/. Zugegriffen am 12.03.2023.

Greenlight Software. (o.J.). Www.greenlight-Software.de, www.greenlight-software.de. Zugegriffen am 12.03.2023.

Ismail, S., Malone, M. S., & Geest, Y. (2014). Exponential organizations: Why new organizations are ten times better, faster, and cheaper than yours (and what to do about it).

Lafley, A. G., & Martin, R. L. (2013). *Playing to win: How strategy really works.* Harvard Business Press.

Mathiassen, L., & Pries-Heje, J. (2006). Business agility and diffusion of information technology. *European Journal of Information Systems, 15*(2), 116–119.

Musk. (2013). *Teslas Mission.* https://www.tesla.com/de_de/blog/mission-tesla. Zugegriffen am 01.03.2023.

Satell, G. (2013). Strategy is about choosing where to play and how to win. *Business Insider.* www.businessinsider.com/where-to-play-and-how-to-win-2013-2. Zugegriffen am 05.09.2024.

Scientrix. (o.J.). Navigate change with success. Strategy platform. *Scientrix,* scientrix.com/. Zugegriffen 12.03.2023.

Tenzer, F. (2022). *Volumen der jährlich generierten/replizierten digitalen Datenmenge weltweit in den Jahren 2012 und 2020 und Prognose für 2025, Statista,* [online] https://de.statista.com/statistik/daten/studie/267974/umfrage/prognose-zum-weltweit-generierten-datenvolumen/. Zugegriffen am 02.01.2023.

Vilmar, F., & Kißler, L. (1982). Humanisierung und Demokratisieru ng der Arbeitswelt. In *Arbeitswelt* (Uni-Taschenbücher, vol 1167). VS Verlag für Sozialwissenschaften. https://doi.org/10.1007/978-3-322-93759-9_5

What Is a Backlog. (o.J.). Www.productplan.com, www.productplan.com/glossary/backlog/#:~:text=A%20backlog%20is%20a%20list. Zugegriffen am 12.03.2023.

Wolanin, M. (2022). Competencies of top management, and the needs of 21st century enterprises in a VUCA world. *VUZF Review, 7*(2), 170–182. https://doi.org/10.38188/2534-9228.22.2.18

Fabian Marckstadt ist der verantwortliche Partner bei Monitor Deloitte für strategische Transformation und strategische Planung. Er verfügt über mehr als 20 Jahre Berufserfahrung in der Beratung von öffentlichen und privaten Organisationen. Er hat verschiedene Studien und Fachbeiträge zu den Themen Transformationen, Nachhaltigkeit und Unternehmensorganisation veröffentlicht.

Birte von Zittwitz begleitet Unternehmen bei strategischen Transformationen mit besonderem Fokus auf das Thema Nachhaltigkeit. Bei Deloitte verantwortet sie das Thema Sustainability Strategy & Transformation. Sie ist außerdem Expertin für Planungsprozesse und die Verankerung von Strategien in der Unternehmensplanung.

Dr. Christian Pfennig ist Partner bei Deloitte und leitet die Talent Group Finance Excellence. Er begleitet CFOs und Finanzfunktionen bei der organisatorischen, prozessualen und technologischen Weiterentwicklung zur nachhaltigen Steigerung der Effektivität und Effizienz.

Leonie Butterstein berät und begleitet Unternehmen aus der Automobilindustrie bei strategischen Transformationsprojekten. Neben der Strategieentwicklung liegt Ihr Fokus vor allem auf der Strategieumsetzung inklusive der Ableitungen und Verankerung eines geeigneten Maßnahmenkatalogs sowie der Festlegung passender KPIs zur langfristigen und nachhaltigen Erfolgskontrolle.

MIX
Papier aus verantwortungsvollen Quellen
Paper from responsible sources
FSC® C105338

If you have any concerns about our products,
you can contact us on
ProductSafety@springernature.com

In case Publisher is established outside the EU,
the EU authorized representative is:
**Springer Nature Customer Service Center GmbH
Europaplatz 3, 69115 Heidelberg, Germany**

Printed by Libri Plureos GmbH
in Hamburg, Germany